〈 不規則動詞活用変化表 〉

現在形	過去形	過去分詞
am	was	been
are	were	been
is	was	been
become	became	become
begin	began	begun
break	broke	broken
buy	bought	bought
catch	caught	caught
come	came	come
do	did	done
eat	ate	eaten
find	found	found
get	got	got/gotten
give	gave	given
go	went	gone
have	had	had
hear	heard	heard
know	knew	known
leave	left	left
make	made	made
meet	met	met
pay	paid	paid
say	said	said
see	saw	seen
send	sent	sent
speak	spoke	spoken
take	took	taken
tell	told	told
think	thought	thought
write	wrote	written

使える! 頻出パターン 51

22 〜をいただきたい のですが　»P.110

I'd like 〜

23 〜したいです　»P.112

I'd like to 〜

24 〜はいかがですか？　»P.114

Would you like 〜?

25 〜されますか？　»P.116

Would you like to 〜?

26 〜はどう？　»P.118

How about 〜?

27 〜したらどう？　»P.120

Why don't you 〜?

28 〜しよう　»P.122

Let's 〜

29 〜だと思うよ　»P.124

I think 〜

30 〜だといいね　»P.125

I hope 〜

31 前は〜だったよ　»P.128

I used to 〜

32 〜させて　»P.130

Let me 〜

33 〜をありがとう　»P.132

Thank you for 〜

34 〜してごめんね　»P.134

I'm sorry 〜

35 〜じゃない？　»P.136

Isn't it 〜?

36 そんなに 〜じゃないよ　»P.138

It's not so 〜

37 〜すぎるよ　»P.140

It's too 〜

決定版

たったの **72パターン** で

こんなに話せる

英会話

味園真紀 著

Maki Misono

「英語が話せるようになりたい！」

そう思っている方は本当に多いと思います。勉強を始めたけれど、途中で挫折してしまった方もまた、同じくらい多いでしょう。

みなさんは、いろいろなフレーズを丸暗記しようとしていませんか？　何の法則もなく、ただ暗記しようとしてもなかなか身につきません。

フレーズを丸暗記するのではなく、フレーズ以前に、まずは英語でよく使われている『**パターン**』を習得することが必要なのです。

「場面別にフレーズを暗記する→表現力を養う」ではなく、「**パターンを身につける→いろいろな場面に応用できる表現力を養う**」という学習方式が、1日も早く英語が話せるようになる近道です。

本書では、「**基本的なパターンをまず習得して、そのパターンを使って様々な場面に対応できる表現力を身につける**」ことを目的としています。

「これだけは‼絶対覚えたい重要パターン21」では、英会話に絶対必要な基礎の基礎となるパターンを習得します。まずは、この21パターンを身につけてください。各パターンでは、否定、疑問、過去などの言い回しも同時に習得できるようになっています。

さらに、「使える！頻出パターン51」では、よく使われている英語表現パターンを習得します。

この51パターンは、実際の会話ですぐに使える実用的なものばかりです。

この合計72パターンを使い回せば、かなりのことを話せることに気がつくでしょう。これらのパターンをいろいろな単語や表現と組み合わせて繰り返し使っていけば、必ず自分のモノになります。

また、パターンを習得することによって、**文法も自然と身につきます**し、どのパターンも中学・高校で習った簡単なものばかりですので、**基本的な文法の総復習**にもなります。

あとは、いろいろな単語や表現を増やしていけば、バリエーションが広がります。

本書は、2005年に初版発行されたものから、フレーズを一部アップデートすると同時に、より学習しやすいレイアウトに一新しました。

グローバル化に伴い、日本でも英語を話せる機会が増えました。

英語は、話さなければ上達しません。細部にとらわれずに、間違いを恐れないでどんどん話しましょう！みなさんが思っているほど、外国人はみなさんの間違いを気にしてはいません。

間違いを恐れるより、覚えたパターンや表現を使ってみて通じたときの喜びが、英語学習に対するモチベーションアップにつながります。

英語でコミュニケーションがとれれば世界が広がります。

本書を手に取ってくださったみなさんが、英語でのコミュニケーションを楽しんでいただける一助となればうれしいです。

2023年5月

味園　真紀

Contents

はじめに 3

Part I

これだけは!!
絶対覚えたい重要パターン21

❶ これは〜です / This is〜 10

❷ 私は〜です / I am〜 14

❸ 〜します / I＋一般動詞〜 18

❹ 〜しています / I'm＋一般動詞＋ing〜 22

❺ 〜すると思います / I will＋動詞の原形〜 26

❻ 〜するつもりです / I'm going to＋動詞の原形〜 30

❼ 〜しました / I＋動詞の過去形〜 34

❽ (もう)〜しました / I have＋動詞の過去分詞〜 40

❾ ずっと〜しています / I have＋動詞の過去分詞〜 46

❿ 〜したことがあります / I have＋動詞の過去分詞〜 50

⓫ 〜できます / I can＋動詞の原形〜 54

⓬ 〜しなければなりません / I have to＋動詞の原形〜 58

⓭ 〜したいです / I want to＋動詞の原形〜 62

⓮ 〜があります / There is〜 68

⓯ 〜は何ですか? / What is〜? 72

⓰ どちらが〜? / Which is〜? 78

⓱ 〜は誰? / Who is〜? 82

⓲ 〜はいつ? / When is〜? 86

⓳ 〜はどこ? / Where is〜? 92

⓴ どうして〜? / Why〜? 96

㉑ 〜はどう? / How is〜? 100

column 1　おまけのパターン 107

column 2　英語力アップのコツ 108

㉒ 〜をいただきたいのですが / I'd like 〜 110

㉓ 〜したいです / I'd like to 〜 112

㉔ 〜はいかがですか？ / Would you like 〜? 114

㉕ 〜されますか？ / Would you like to 〜? 116

㉖ 〜はどう？ / How about 〜? 118

㉗ 〜したらどう？ / Why don't you 〜? 120

㉘ 〜しよう / Let's 〜 122

㉙ 〜だと思うよ / I think 〜 124

㉚ 〜だといいね / I hope 〜 126

㉛ 前は〜だったよ / I used to 〜 128

㉜ 〜させて / Let me 〜 130

㉝ 〜をありがとう / Thank you for 〜 132

㉞ 〜してごめんね / I'm sorry 〜 134

㉟ 〜じゃない？ / Isn't it 〜? 136

㊱ そんなに〜じゃないよ / It's not so 〜 138

㊲ 〜すぎるよ / It's too 〜 140

㊳ 〜しないの？ / Don't you 〜? 142

㊴ 〜しなかったの？ / Didn't you 〜? 144

㊵ 〜することになっているよ / I am supposed to 〜 146

㊶ 〜するはずだった / I was supposed to 〜 148

㊷ 〜かもしれない / I might 〜 150

㊸ 〜すべきだよ / You should 〜 152

㊹ 〜するはずだよ / You should 〜 154

㊺ 〜のはずがない / You can't 〜 156

㊻ 〜に違いない / You must 〜 158

47 〜してください　／　Please〜 160

48 〜しないで　／　Don't〜 162

49 〜してもいい？　／　Is it OK if〜？ 164

50 〜してもいいですか？　／　May I〜？ 166

51 〜してもらえない？　／　Will you〜？ 168

52 〜していただけませんか？　／　Could you〜？ 170

53 〜が必要です　／　I need〜 172

54 どんな〜？　／　What kind of〜？ 174

55 よく〜するの？　／　How often〜？ 176

56 〜そうだね　／　That sounds〜 178

57 〜によるよ　／　It depends on〜 180

58 〜ってこと？　／　Do you mean〜？ 182

59 〜だよね？　／　〜, isn't it？ 184

60 〜はどんな感じ？　／　What is〜like？ 186

61 〜頑張って！　／　Good luck with〜！ 188

62 〜おめでとう！　／　Congratulations on〜！ 190

63 念のために　／　Just in case 192

64 何時に〜？　／　What time〜？ 194

65 〜するようにしているよ　／　I try to〜 198

66 〜しようと思っているよ　／　I'm thinking about 〜ing ... 200

67 〜を楽しみにしているよ　／　I'm looking forward to〜 ... 202

68 〜で困っているの　／　I have trouble with〜 204

69 〜だから　／　because＋主語＋動詞 206

70 〜のとき　／　When〜 208

71 もし〜だったら　／　if＋主語＋動詞 210

72 〜の方が・・・だ　／　〜be動詞＋比較級＋than・・・ 212

column 3　英語アウトプットのコツ 214

🔊 音声データの使い方

各フレーズが　日本語→英語　の順で収録されています。
（日本語：久末 絹代　英語：Carolyn Miller）
英語が実際にどのように話されているかを確認しながら聞いてください。
次に、発音やリズムをまねて、実際に言ってみましょう。
慣れてきたら、日本語の後に自分で英語を言ってみましょう。

1.【ASUKALA】アプリを携帯端末にダウンロード

お持ちの端末で下記にアクセスして、明日香出版社音声再生アプリ【ASUKALA】をインストールすると、ダウンロードした音声がいつでもすぐに再生できます。
音声の速度を変えるなど学習しやすいのでおすすめです。
※無料です。個人情報の入力の必要はありません。

2. 音声データをダウンロード

【ASUKALA】アプリから『決定版　たったの72パターンでこんなに話せる英会話』音声データをダウンロードしてから聞いてください。
【ASUKALA】アプリを使用せず、パソコンや携帯端末の音楽アプリでダウンロードしたデータを聞くこともできます。下記にアクセスしてください。

https://www.asuka-g.co.jp/dl/isbn978-4-7569-2271-7

※音声ファイルは、一括した圧縮ファイルをダウンロードした後に、解凍してお使いください。
※音声の再生には、mp3ファイルを再生できる機器などが必要です。ご使用の機器、音声再生ソフトなどに関する技術的なご質問は、ハードメーカーもしくはソフトメーカーにお願いいたします。
※音声ダウンロードサービスは、予告なく終了することがあります。
※本書に付属するコンテンツは、図書館の利用者も利用可能です。

これだけは!!

絶対覚えたい
重要パターン

21

1 This is ～
これは～です

！基本フレーズ

This is **my LINE ID.**

これが私の LINE ID だよ。

こんなときに使おう！
- -
LINE ID を教えるときに……

基本パターン

| This | ＋ | is | ＋ | 名詞・形容詞
(my LINE ID) | . |

『This is ～』は、「これは（が）～です」「こちらは（が）～です」という表現です。

「～」には、名詞または形容詞がきます。

自分の近くにあるものを「これは～だよ」と説明するときや、何かを渡しながら「これが～だよ」と言うときに使います。

また、電話の最初に名乗るときや、誰かを紹介するときにも使える表現です。

基本パターンで言ってみよう！

This is my sister.
これは私の姉（妹）なの。

This is his cell phone number.
これが彼の携帯番号だよ。

This is a famous Italian restaurant.
ここは有名なイタリアンレストランですよ。

This is Maki.
（電話をかけて名乗るときに）私、マキですけど。
（人を紹介するときに）こちらはマキさんです。

This is good.
これはおいしいね。

> ✔ワンポイント 『good』には「良い」という意味のほかに「おいしい」という意味もあります。

This is cute!
これ、かわいい！

This dog is cute!
この犬、かわいい！

> ✔ワンポイント This の後に名詞をつなげて、『This+ 名詞 +is 〜 .』とすると、「この 名詞 は〜です」となります。

否定パターン

『is』を『isn't』に変えるだけ！

| This | **+** | isn't | **+** | 名詞
形容詞 | . |

This isn't my LINE ID.
（これは私のLINE IDではありません）

応用パターンで言ってみよう！

This isn't mine.
これは私のじゃないよ。

✔ ワンポイント 『mine』私のもの

This isn't your fault.
君のせいじゃないよ。

This isn't free.
これはただではないよ。

This isn't funny.
笑い事じゃないよ。

This isn't urgent.
急ぎではありません。

疑問パターン

『This』と『is』の順番を逆にするだけ！

Is ＋ this ＋ 名詞 形容詞 ？

Is this **your LINE ID?**
（これはあなたのLINE IDですか？）

答え方 **Yes, it is.**（はい、そうです）
No, it isn't.（いいえ、違います）

応用パターンで言ってみよう！

Is this **a secret?**
これは内緒なの？

Is this **yours?**
これ、あなたの？

✔ワンポイント『yours』あなたのもの

Is this **your first time to Japan?**
日本は初めてですか？

Is this **for here or to go?**
（飲食店で）店内でお召しあがりですか？それともお持ち帰りですか？

これも知っておこう！

『This』を『That』に変えると、「あれは
～です」という表現になります。

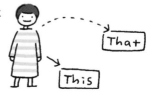

That is **my favorite store.**
あれは私の好きなお店です。

2 I am 〜

私は〜です

!基本フレーズ ──────────── ◀)) 02

I am busy with work.

仕事が忙しいんだ。

こんなときに使おう！
─────────────────
近況を聞かれて……

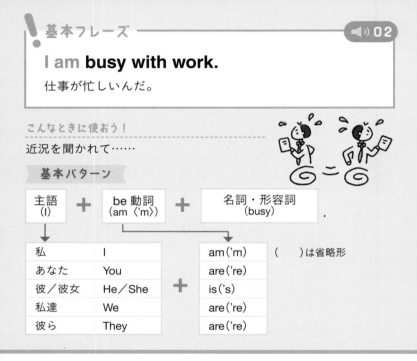

基本パターン

主語 (I)	＋	be 動詞 (am 〈'm〉)	＋	名詞・形容詞 (busy)

私	I	am('m)	（　）は省略形
あなた	You	are('re)	
彼／彼女	He／She	is('s)	
私達	We	are('re)	
彼ら	They	are('re)	

『主語 ＋ be 動詞 〜』は、「主語 は〜です」という表現です。
「〜」には、名詞や形容詞がきます。また、be 動詞は主語によって
変わります。
このパターンでは、「主語＝〜」となり、主語が何なのか、どんな
状態なのかを表すときに使います。

基本パターンで言ってみよう！

I am thirty years old.
私は30歳です。

> ✔ワンポイント 『〜 year(s) old 』〜歳

I'm fine.
僕は元気だよ。

I'm thirsty.
喉がかわいたよ。

I'm serious.
僕は本気だよ。

You are very tall.
君はすごく背が高いよね。

I'm allergic to pollen.
私、花粉症なの。

> ✔ワンポイント 『be allergic to 〜』〜アレルギーの、『pollen』花粉

She is from Kobe.
彼女は神戸の出身だよ。

> ✔ワンポイント 『be from 出身地』〜の出身である

My daughter is a high school student.
私の娘は高校生です。

They are university students.
彼らは大学生だよ。

応用

否定パターン

be 動詞（am/are/is）の後に『not』をつけるだけ！

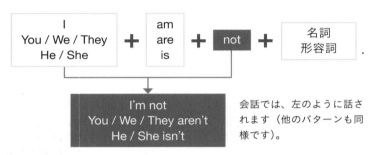

I'm not busy with work.（私は仕事が忙しくありません）
He isn't busy with work.（彼は仕事が忙しくありません）

疑問パターン

主語と be 動詞（am/are/is）の順番を逆にするだけ！

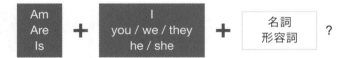

Are you busy with work?（仕事は忙しいですか？）

答え方 ▶ **Yes, I am.**（はい、忙しいです）
No, I'm not.（いいえ、忙しくありません）

Is he busy with work?（彼は仕事が忙しいですか？）

答え方 ▶ **Yes, he is.**（はい、忙しいです）
No, he isn't.（いいえ、忙しくありません）

過去パターン

be 動詞を『am / is → was』『are → were』に変えるだけ！

| I / He / She
You / We / They | **+** | was
were | **+** | 名詞
形容詞 | . |

I was **busy yesterday.** （私は昨日、忙しかったです）
You were **busy yesterday.** （あなたは昨日、忙しかったです）

応用パターンで言ってみよう！

I'm not **sure.**
確かではないよ。

He isn't **ready.**
彼は準備できていないよ。

Are you **hungry?**
お腹すいた？

Are you **off on Saturday?**
土曜日はお休みですか？

✔ ワンポイント 『on 曜日』〜曜日に

Is Maki **there?**
マキさんはいますか？

I was **sick yesterday.**
昨日は、具合が悪かったの。

I was **lucky.**
私はラッキーだったよ。

I ＋ 一般動詞 〜
〜します

🔊 03

！ 基本フレーズ

I play golf.

私はゴルフをします。

こんなときに使おう！

「何かスポーツをしますか？」と聞かれて……

基本パターン

| 主語 (I) | ＋ | 一般動詞 (play) | ＋ | 目的語や修飾語 (golf) |

私	I	do, go, know, play, study, have, eat...
あなた	You	
彼／彼女	He／She	does, goes, knows, plays, studies, has, eats... （動詞の原形にsやesがつく）
私達	We	do, go, know, play, study, have, eat...
彼ら	They	

『 主語 ＋ 一般動詞（be動詞以外の動詞） 〜』は、「 主語 は〜します」という表現です。

動詞の形は主語によって変わります。

基本パターンで言ってみよう！

I work for ABC Company.
私はABC社で働いています。

> ✔ ワンポイント　『work for 〜』〜に勤める

I take a walk every day.
僕は、毎日散歩しているんだ。

> ✔ ワンポイント　『take a walk』散歩する

You know her.
君は彼女を知っているよ。

She lives in Tokyo.
彼女は東京に住んでいるよ。

He studies English every Saturday.
彼は毎週土曜日に英語を勉強しているよ。

> ✔ ワンポイント　『every 曜日』毎週〜曜日

We have a dog.
うちでは犬を飼っているよ。

I agree with you.
あなたに賛成です。

> ✔ ワンポイント　『agree with 〜』〜 に賛成する、同意する

I envy you.
うらやましいよ。

応用

否定パターン

動詞を原形に戻して、動詞の前に『don't』または『doesn't』を入れるだけ！

 + don't / doesn't + 一般動詞の原形 .

I / You / We / They / He / She

I don't play golf.（私はゴルフをしません）
He doesn't play golf.（彼はゴルフをしません）

 応用パターンで言ってみよう！

I don't know her.
私は彼女を知らないの。

I don't think so.
僕はそうは思わないよ。

I don't have a reservation.
予約はしていません。

I don't have any American friends.
私には、アメリカ人の友達はいないよ。

He doesn't like spicy food.
彼は、辛い料理が好きではないよ。

疑問パターン

動詞を原形に戻して、『Do』または『Does』を主語の前につけるだけ！

| Do
Does | ＋ | I / you / we / they
he / she | ＋ | 一般動詞の原形 | ? |

Do you play golf?（あなたはゴルフをしますか？）

 Yes, I do.（はい、します）
No, I don't.（いいえ、しません）

Does he play golf?（彼はゴルフをしますか？）

 Yes, he does.（はい、します）
No, he doesn't.（いいえ、しません）

応用パターンで言ってみよう！

Do you have a cell phone?
携帯電話を持ってる？

Do you have any plans for this weekend?
週末に何か予定はある？

Do you usually eat breakfast?
普段、朝食を食べる？

Does she live alone?
彼女は一人暮らしなの？

Does he have a slight fever?
彼は微熱があるの？

> ✔ワンポイント
> 『slight fever』微熱

④ I'm ＋ 一般動詞 ＋ ing ～
～しています

! 基本フレーズ　　　　　　　　　　　　　　　🔊 04

I'm going to Yokohama.

私は横浜に向かっています。

こんなときに使おう！

「今、何をしているの？」と聞かれて……

基本パターン

| 主語
(I) | ＋ | be 動詞
(am〈'm〉) | ＋ | 一般動詞＋ing
(going) | . |

私	I	am('m)	（　　）は省略形
あなた	You	are('re)	
彼／彼女	He／She	is('s)	
私達	We	are('re)	
彼ら	They	are('re)	

『 主語 ＋ be動詞 ＋ 一般動詞＋ing 』は、「 主語 は～しています」
と動作の真っ只中であることを表す表現です。
また、be 動詞は主語によって変わります。

基本パターンで言ってみよう！

I'm just looking.
見ているだけです。

I'm thinking about it.
そのことを考えていたんだ。

> ✔ワンポイント 『think about ～』 ～について考える

I'm looking for a souvenir.
お土産を探しています。

> ✔ワンポイント 『look for ～』 ～を探す

I'm studying at a coffee shop now.
今、喫茶店で勉強しているの。

I'm calling to reconfirm my reservation.
予約の再確認でお電話しています。

She is talking on the phone.
彼女は電話中だよ。

これも知っておこう！

『 主語 ＋ be動詞 ＋ 一般動詞＋ing 』は、近い未来の予定を表す
ときにも使います。

I'm having dinner with my friend tonight.
今夜、友達と夕食を食べる予定です。

I'm going to Ginza this afternoon.
午後、銀座に行く予定です。

Are you coming back?
戻ってきますか？

応用

否定パターン

be 動詞（am/are/is）の後に『not』をつけるだけ！

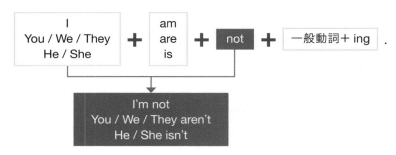

I'm not going **to Yokohama.**（私は横浜に向かっていません）
He isn't going **to Yokohama.**（彼は横浜に向かっていません）

 応用パターンで言ってみよう！

I'm not crying.
泣いてないよ。

We aren't waiting for her.
私たちは彼女を待っているわけではないよ。

I'm not doing anything in particular now.
今、特に何もしていないよ。

✔ワンポイント 『in particular』特に

I'm not watching YouTube now.
今はYouTubeを見ていないよ。

疑問パターン

主語と be 動詞（am/are/is）の順番を逆にするだけ！

 ＋

| Am Are Is | ＋ | I you / we / they he / she | ＋ | 一般動詞＋ ing | ？ |

Are you going to Yokohama?（あなたは横浜に向かっていますか？）

答え方 Yes, I am.（はい、向かっています）
No, I'm not.（いいえ、向かっていません）

Is he going to Yokohama?（彼は横浜に向かっていますか？）

答え方 Yes, he is.（はい、向かっています）
No, he isn't.（いいえ、向かっていません）

 応用パターンで言ってみよう！

Are you thinking about her?
彼女のことを考えているの？

Are you going to work?
ご出勤ですか？

Are you drinking coffee?
コーヒーを飲んでいるの？

What are you talking about?
何のことを言っているの？

What are you doing?
何をしているの？

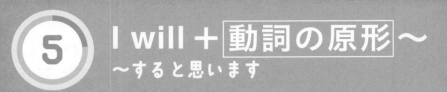

5 I will ＋ 動詞の原形 〜
〜すると思います

🔊 05

I will stay home tomorrow.

明日は家にいると思うよ。

こんなときに使おう！

「明日はどうしてる？」と聞かれて……

主語 (I)	＋	will 〈'll〉	＋	動詞の原形 (stay)

『 主語 ＋ will ＋ 動詞の原形 』は、「〜すると思います」「〜します」
と未来を表す表現です。

年齢など、自分の意志とは関係なく未来に起こることや、前から決まっ
ていたことではなく、今決めたことなどを言いたいときに使います。

同じ未来のことでも、前から決まっている予定や計画を表すときには、
6.の『 主語 ＋ be動詞 ＋ going to ＋ 動詞の原形 』を使います。

基本パターンで言ってみよう！

I will be thirty next month.
来月30歳になります。

I will probably go out tomorrow.
明日はおそらく出かけるよ。

✔ワンポイント 『probably』おそらく、『go out』外出する

I'll try.
やってみるよ。

I'll have this one.
（メニューを指しながら）これにします。

I'll see you later.
後でね。

I'll think about it.
考えておくわ。

I'll pay in cash.
現金で払います。

I'll get my jacket.
上着を取ってくるね。

I'll let you know.
知らせるね。

She will be back in ten minutes.
彼女は10分で戻ると思います。

✔ワンポイント 『in 時間［minute(s)，hour(s)］』〜時間［分、時間］後に

It will rain tomorrow.
明日は雨でしょう。

応用

『will』の後に『not』をつけるだけ！
（『will』＋『not』で『won't』とも言う）

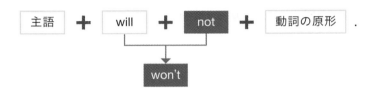

I will not（won't）stay **home tomorrow.**
（明日は家にいないと思います）
He will not（won't）stay **home tomorrow.**
（彼は、明日は家にいないと思います）

応用パターンで言ってみよう！

I won't go **out tonight.**
今夜は外出しないと思うよ。

She won't buy **that bag.**
彼女はあのバッグを買わないと思うよ。

I won't tell **anyone.**
誰にも言わないよ。

I won't go to **the gym tomorrow.**
明日はジムには行かないよ。

28

疑問パターン

主語と『will』の順番を逆にするだけ！

Will ＋ 主語 ＋ 動詞の原形 ？

Will you stay home tomorrow?
（明日、家にいますか？）

答え方 **Yes, I will.**（はい、いると思います）
No, I won't.（いいえ、いないと思います）

Will he stay home tomorrow?（彼は、明日家にいますか？）

答え方 **Yes, he will.**（はい、いると思います）
No, he won't.（いいえ、いないと思います）

応用パターンで言ってみよう！

Will you come with us tomorrow?
明日、私達と一緒に来る？

Will you work this weekend?
今週末、働くの？

Will you be free on Friday night?
金曜日の夜、暇？

Will he be back soon?
彼はすぐに戻るでしょうか？

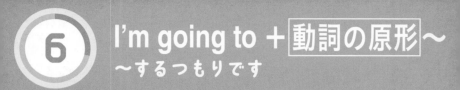

6 I'm going to + 動詞の原形～
～するつもりです

！基本フレーズ

I'm going to go shopping tomorrow.

明日は買い物に行くつもりです。

こんなときに使おう！

「明日の予定は？」と聞かれて……

基本パターン

| 主語
(I) | + | be 動詞
(am ⟨'m⟩) | + | going to | + | 動詞の原形
(go) | . |

私	I		am('m)	(　)は省略形
あなた	You		are('re)	
彼／彼女	He／She	+	is('s)	
私達	We		are('re)	
彼ら	They		are('re)	

『 主語 + be動詞 + going to + 動詞の原形 』は、「 主語 が～す
るつもりです」と、予定や計画を表す表現です。

基本パターンで言ってみよう！

I'm going to go to Kamakura on Sunday.
日曜日、鎌倉に行くつもりなの。

I'm going to go on a diet.
ダイエットをするつもりだよ。

> ✔ワンポイント 『go on a diet』ダイエットをする

We are going to move next month.
来月、引越しするつもりだよ。

> ✔ワンポイント 『move』引越しする

I'm going to take a trip to London.
ロンドンに旅行に行くつもりなの。

> ✔ワンポイント 『take a trip to 〜』〜に旅行に行く

I'm going to see my boyfriend the day after tomorrow.
あさって彼氏に会うつもりなの。

> ✔ワンポイント 『the day after tomorrow』あさって

He is going to buy a new car.
彼は、新車を買うつもりだよ。

They are going to go to Kyoto next month.
彼らは来月、京都に行くつもりだよ。

応用

否定パターン

be 動詞（am/are/is）の後に『not』をつけるだけ！

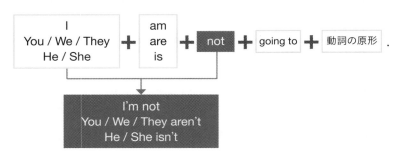

I'm not going to go shopping tomorrow.
（私は明日、買い物に行かないつもりです）

He isn't going to go shopping tomorrow.
（彼は明日、買い物に行かないつもりです）

応用パターンで言ってみよう！

I'm not going to go out this weekend.
今週末、出かけるつもりはないよ。

She isn't going to have her wedding party.
彼女は結婚パーティをするつもりはないよ。

I'm not going to tell a lie.
嘘をつくつもりはないよ。

> ✔ ワンポイント 『tell a lie』嘘をつく

She isn't going to change jobs.
彼女は転職するつもりはないよ。

> ✔ ワンポイント 『change jobs』転職する

疑問パターン

主語と be 動詞（am/are/is）の順番を逆にするだけ！

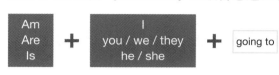

Are you going to go shopping tomorrow?
（あなたは明日、買い物に行くつもりですか？）
答え方 **Yes, I am.**（はい、行くつもりです）
No, I'm not.（いいえ、行くつもりはありません）

Is he going to go shopping tomorrow?
（彼は明日、買い物に行くつもりですか？）
答え方 **Yes, he is.**（はい、行くつもりです）
No, he isn't.（いいえ、行くつもりはありません）

 応用パターンで言ってみよう！

Are you going to work this weekend?
今週末、仕事をするつもりなの？

What are you going to do this weekend?
今週末、何をするつもり？

これも知っておこう！	未来の日程を表す表現

明日	tomorrow	来月	next month
あさって	the day after tomorrow	再来月	the month after next
来週	next week	来年	next year
来週の月曜日	next Monday	再来年	the year after next
再来週	the week after next		

! 基本フレーズ ━━━━━━━━━━━━ ◀)) 07

I played tennis yesterday.

私は昨日、テニスをしました。

こんなときに使おう！

「昨日、何してた？」と聞かれて……

基本パターン

| 主語
(I) | ＋ | 動詞の過去形
(played) | ＋ | 目的語や修飾語
(tennis yesterday) |

| 規則動詞 | 不規則動詞 |

『 主語 ＋ 動詞の過去形 』は、「〜しました」という過去を表す表現です。

動詞の形は、主語によって変化しません。ただし、動詞には規則動詞と不規則動詞があり、過去形は動詞によって違いますので、注意しましょう。p.37に代表的な不規則動詞の過去形を紹介していますので、参照してください。

規則動詞	不規則動詞
動詞の原形にedをつけると過去形になる動詞 （最後のyをiに変えてedをつけるものもある）	規則動詞のような法則がなく、形が変わる動詞
（例）現在形→過去形 　　play→played 　　stay→stayed 　　study→studied 　　talk→talked　　　　など	（例）現在形→過去形 　　have→had 　　go→went 　　eat→ate 　　write→wrote 　　get→got 　　take→took　　　　など

基本パターンで言ってみよう！

I had **a cold.**
風邪をひきました。

I got **up late this morning.**
今朝、寝坊したの。

> ✔ワンポイント　『get up』起床する

I quit **my job.**
仕事を辞めました。

My computer broke **down.**
私のコンピュータが壊れたんだ。

> ✔ワンポイント　『break down』壊れる

We took a picture at that time.
私達はそのとき、写真をとったよ。

✔ ワンポイント 『at that time』 そのとき

We went out at that time.
私達はそのとき、外出していました。

We cooked dinner last night.
私達は昨日の夜、夕食を作ったよ。

She drank too much yesterday.
昨日、彼女は飲みすぎたね。

✔ ワンポイント 『too 〜』 〜すぎる

He gave me a pretty ring.
彼が素敵な指輪をくれたの。

He left the office a few minutes ago.
彼は2〜3分前に会社を出ました。

✔ ワンポイント 『a few minutes』 2 〜 3 分

I saw her yesterday.
昨日、彼女に会ったよ。

I totally forgot!
すっかり忘れてた！

They became famous.
彼らは有名になったね。

◎不規則動詞の過去形◎

現在形		過去形	現在形		過去形
be	→	was	mean	→	meant
become	→	became	meet	→	met
begin	→	began	pay	→	paid
break	→	broke	put	→	put
build	→	built	read [ríːd]	→	read [réd]
buy	→	bought	ride	→	rode
catch	→	caught	rise	→	rose
come	→	came	run	→	ran
cut	→	cut	say	→	said
do	→	did	see	→	saw
drink	→	drank	sell	→	sold
drive	→	drove	send	→	sent
eat	→	ate	set	→	set
fall	→	fell	sing	→	sang
find	→	found	sit	→	sat
forget	→	forgot	sleep	→	slept
get	→	got	speak	→	spoke
give	→	gave	stand	→	stood
go	→	went	swim	→	swam
have	→	had	take	→	took
hear	→	heard	teach	→	taught
keep	→	kept	tell	→	told
know	→	knew	think	→	thought
leave	→	left	understand	→	understood
let	→	let	wear	→	wore
lose	→	lost	win	→	won
make	→	made	write	→	wrote

否定パターン

動詞を原形に戻して、動詞の前に『didn't』を入れるだけ！

主語 **＋** didn't **＋** 一般動詞の原形 .

I didn't play tennis yesterday.
（私は昨日、テニスをしませんでした）
He didn't play tennis yesterday.
（彼は昨日、テニスをしませんでした）

応用パターンで言ってみよう！

I didn't know her.
私は彼女を知らなかったの。

We didn't go to Yokohama last week.
私達は先週、横浜に行かなかったよ。

He didn't remember me.
彼は私のことを覚えていなかったよ。

I didn't buy anything in the end.
結局何も買わなかったよ。

✔ ワンポイント 『in the end』結局

She didn't believe me.
彼女は私を信じなかったよ。

疑問パターン

動詞を原形に戻して、『Did』を主語の前につけるだけ！

Did ＋ 主語 ＋ 一般動詞の原形 ？

Did you play tennis yesterday?

（あなたは昨日、テニスをしましたか？）

答え方 ▶ **Yes, I did.** （はい、しました）
　　　　No, I didn't. （いいえ、しませんでした）

Did he play tennis yesterday?

（彼は昨日、テニスをしましたか？）

答え方 ▶ **Yes, he did.** （はい、しました）
　　　　No, he didn't. （いいえ、しませんでした）

応用パターンで言ってみよう！

Did you have a good time?
楽しかった？

Did you lose your umbrella?
傘をなくしたの？

Did you call her?
彼女に電話した？

Did you sleep well last night?
昨夜はよく眠れましたか？

8 I have + 動詞の過去分詞 ～
（もう）～しました

基本フレーズ

I have read **this book.**

私は、もうこの本を読みました。

こんなときに使おう！

自分が読み終えた本を、今読んでいるという相手に……

基本パターン

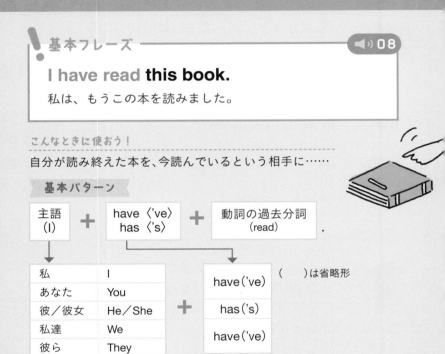

| 主語
(I) | + | have 〈've〉
has 〈's〉 | + | 動詞の過去分詞
(read) | . |

私	I
あなた	You
彼／彼女	He／She
私達	We
彼ら	They

+

have（'ve）
has（'s）
have（'ve）

（　）は省略形

『主語 + have（has）+ 動詞の過去分詞』は、「もう～しました」
という完了を表す表現です。主語によって、『have』か『has』かが決ま
ります。

このパターンは、『already』や『yet』などと一緒によく使われます。

『already』は、平叙文で使い、「もう～」という意味になります。

『yet』は、否定文や疑問文で使います。否定文では「まだ～」、疑問文
では「もう～」という意味になります。

基本パターンで言ってみよう！

I have finished my homework.
私はもう宿題を終わらせたよ。

We have already solved the problem.
もう問題は解決したよ。

> ✔ワンポイント 『already』 もうすでに

She has already gone home.
彼女はもうすでに帰宅してしまいました。

I've decided to study abroad.
留学することにしたよ。

> ✔ワンポイント 『study abroad』 留学する

I've tried the new game.
新しいゲームをもうやってみたよ。

We've already ordered.
もう注文しました。

It has been sold out.
もう売り切れてしまいました。

> ✔ワンポイント 『be sold out』 売り切れる

※例文の日本語には、完了形であることを分かりやすくするために、『already』や
　『yet』がない場合でも、「もう」や「まだ」が含まれているものがあります。

◎不規則動詞の過去分詞◎

現在形		過去分詞	現在形		過去分詞
be	→	been	mean	→	meant
become	→	become	meet	→	met
begin	→	begun	pay	→	paid
break	→	broken	put	→	put
build	→	built	read [rí:d]	→	read [réd]
buy	→	bought	ride	→	ridden
catch	→	caught	rise	→	risen
come	→	come	run	→	run
cut	→	cut	say	→	said
do	→	done	see	→	seen
drink	→	drunk	sell	→	sold
drive	→	driven	send	→	sent
eat	→	eaten	set	→	set
fall	→	fallen	sing	→	sung
find	→	found	sit	→	sat
forget	→	forgotten	sleep	→	slept
get	→	got／gotten	speak	→	spoken
give	→	given	stand	→	stood
go	→	gone	swim	→	swum
have	→	had	take	→	taken
hear	→	heard	teach	→	taught
keep	→	kept	tell	→	told
know	→	known	think	→	thought
leave	→	left	understand	→	understood
let	→	let	wear	→	worn
lose	→	lost	win	→	won
make	→	made	write	→	written

否定パターン

『have → haven't』『has → hasn't』に変えるだけ！

| I / You / We / They He / She | **+** | haven't hasn't | **+** | 動詞の過去分詞 | . |

I haven't read **this book.** （私はこの本をまだ読んでいません）
He hasn't read **this book.** （彼はこの本をまだ読んでいません）

応用パターンで言ってみよう！

I haven't decided yet.
まだ決めてないよ。

✔ワンポイント 『yet』まだ（疑問文と一緒に使われるときは「もう」）

I haven't seen your post.
君の投稿をまだ見ていないよ。

I haven't changed my password.
まだパスワードを変更していないよ。

疑問パターン

主語と『have』または『has』の順番を逆にするだけ！

| Have
Has | ＋ | I / you / we / they
he / she | ＋ | 動詞の過去分詞 | ？ |

Have you read this book? （あなたはこの本を読みましたか？）

答え方 Yes, I have. （はい、読みました）
No, I haven't. （いいえ、読んでいません）

Has he read this book? （彼はこの本を読みましたか？）

答え方 Yes, he has. （はい、読みました）
No, he hasn't. （いいえ、読んでいません）

応用パターンで言ってみよう！

Have you talked to her?
もう彼女に話しましたか？

Have you decided?
もう決めましたか？

Have you had lunch yet?
もう昼食は食べた？

✔ ワンポイント 『yet』もう （否定文と一緒に使われるときは、「まだ」）

Have you made plans for the summer vacation yet?
もう夏休みの計画はたてた？

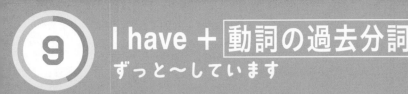

⑨ I have + 動詞の過去分詞 〜
ずっと〜しています

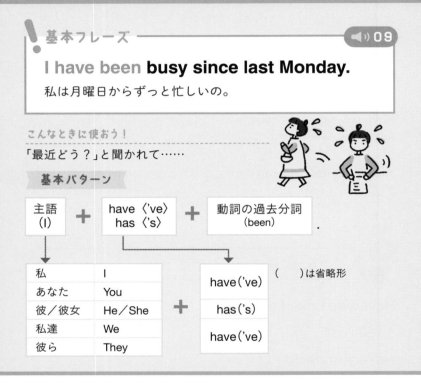

! 基本フレーズ ──────── 🔊 09

I have been busy since last Monday.

私は月曜日からずっと忙しいの。

こんなときに使おう！

「最近どう？」と聞かれて……

基本パターン

| 主語
(I) | ＋ | have 〈've〉
has 〈's〉 | ＋ | 動詞の過去分詞
(been) | . |

私	I
あなた	You
彼／彼女	He／She
私達	We
彼ら	They

| have('ve) |
| has('s) |
| have('ve) |

（　）は省略形

8. の『主語 ＋ have（has） ＋ 動詞の過去分詞』のパターンで、「ずっと〜しています」という継続を表す表現にもなります。

主語によって、『have』か『has』かが決まります。

このパターンは、よく『since〜（〜以来）』や『for〜（〜の間）』と一緒に使われます。

基本パターンで言ってみよう！

We have been married for five years.
結婚して5年になるよ。

✔ ワンポイント 『for 期間』〜の間

I have lived in Tokyo for ten years.
東京に10年住んでいます。

I have lived in Tokyo since last April.
去年の4月から東京に住んでいます。

✔ ワンポイント 『since 〜』〜以来

We have been in Canada for three days.
私達はカナダに来て3日になります（カナダに3日間います）。

She has studied Chinese for two years.
彼女は中国語を2年間勉強してるんだ。

He has been in the hospital since last Friday.
彼は先週の金曜日から入院しているよ。

✔ ワンポイント 『be in the hospital』入院する

I have had problems with my laptop since last week.
先週からノートパソコンの調子が悪いです。

✔ ワンポイント 『laptop（computer）』ノートパソコン

否定パターン

『have → haven't』『has → hasn't』に変えるだけ！

| I / You / We / They
He / She | **+** | haven't
hasn't | **+** | 動詞の過去分詞 | . |

I haven't been **busy.**（私はずっと忙しくありません）
He hasn't been **busy.**（彼はずっと忙しくありません）

応用パターンで言ってみよう！

I haven't seen **you for a long time.**
ずっと会ってないね。

I haven't been **to Ginza since last August.**
去年の8月から銀座に行ってないよ。

> ✔ワンポイント 『行く』でも、『gone』ではなく『been』であることに注意しましょう！

I haven't talked **to him for a week.**
彼と1週間話してないわ。

I haven't emailed **her recently.**
最近、彼女にメールしてないよ。

> ✔ワンポイント email は名詞としても動詞としても使えます。

I haven't used **this credit card for a long time.**
長い間、このクレジットカードを使っていないよ。

疑問パターン

主語と『have』または『has』の順番を逆にするだけ！

| Have
Has | ＋ | I / you / we / they
he / she | ＋ | 動詞の過去分詞 | ？ |

Have you been busy?（あなたはずっと忙しいですか？）

> 答え方　Yes, I have.（はい、忙しいです）
> No, I haven't.（いいえ、忙しくありません）

Has he been busy?（彼はずっと忙しいですか？）

> 答え方　Yes, he has.（はい、忙しいです）
> No, he hasn't.（いいえ、忙しくありません）

応用パターンで言ってみよう！

Have you been sick since last Monday?
先週の月曜日からずっと具合が悪いの？

Have you lived in Tokyo for five years?
5年間、東京に住んでいるの？

How long have you been in Japan?
どれぐらい日本にいるの？

How long have you worked here?
どれぐらいここで働いているの？

⑩ I have ＋ 動詞の過去分詞 ～
～したことがあります

! 基本フレーズ ━━━━━━━━━━━━━━ ◀)) 10

I have been to Italy.

私はイタリアに行ったことがあります。

こんなときに使おう！

「ヨーロッパに行ったことある？」と聞かれて……

基本パターン

| 主語
(I) | + | have ⟨'ve⟩
has ⟨'s⟩ | + | 動詞の過去分詞
(been) | . |

私	I	
あなた	You	have('ve)
彼／彼女	He／She	has('s)
私達	We	
彼ら	They	have('ve)

（　　）は省略形

8. 9. と同様、『 主語 ＋ have（has） ＋ 動詞の過去分詞 』のパター
ンで、「～したことがあります」という経験を表す表現にもなります。
主語によって、『have』か『has』かが決まります。

基本パターンで言ってみよう！

I have been there.
そこに行ったことがあるよ。

> ✔ ワンポイント 『〜に行ったことがある』は、『been to 〜』ですが、〜に『there （あそこ）』や『here （ここ）』がくるときには、『to』は不要です。

I have changed jobs.
私は転職したことがあります。

I have visited Sapporo many times.
札幌には何度も行ったことがあるよ。

I have done this before.
前にもやったことがあるよ。

I've tried scuba diving before.
前にスキューバダイビングをやったことがあるよ。

I've heard a lot about you.
お噂はよく伺っていますよ。

これも知っておこう！

「〜に行ったことがあります」というときには、『I have gone〜』ではなく、『I have been 〜』となります。
『gone』には、「行ってしまって、ここにはもういない」というニュアンスがあります。

応用

否定パターン

① 『have → haven't』『has → hasn't』に変えるだけ！

| I / You / We / They
He / She | + | haven't
hasn't | + | 動詞の過去分詞 | . |

I haven't been to Italy.（私はイタリアに行ったことがありません）
He hasn't been to Italy.（彼はイタリアに行ったことがありません）

② 『have』または『has』の後に『never』を入れるだけ！
（①より「一度も〜ない」というニュアンスが強い）

| I / You / We / They
He / She | + | have ('ve)
has ('s) | + | never | + | 動詞の
過去分詞 | . |

I have never been to Italy.
（私は一度もイタリアに行ったことがありません）
He has never been to Italy.
（彼は一度もイタリアに行ったことがありません）

 ## 応用パターンで言ってみよう！

I haven't been to France.
私はフランスに行ったことがありません。

I have never been to France.
私はフランスに一度も行ったことがありません。

疑問パターン

主語と『have』または『has』の順番を逆にするだけ！

| Have
Has | ＋ | I / you / we / they
he / she | ＋ | 動詞の過去分詞 | ？ |

Have you been to Italy?

（あなたはイタリアに行ったことがありますか？）

> 答え方 **Yes, I have.**（はい、行ったことがあります）
> **No, I haven't.**（いいえ、行ったことがありません）

Has he been to Italy?

（彼はイタリアに行ったことがありますか？）

> 答え方 **Yes, he has.**（はい、行ったことがあります）
> **No, he hasn't.**（いいえ、行ったことがありません）

応用パターンで言ってみよう！

Have you seen any Tom Cruise movies?
トム・クルーズの映画を見たことがありますか？

Have you ever been to Kyoto?
あなたは今までに京都に行ったことがありますか？

> ✔ ワンポイント 『ever』今までに

Have we met before?
前にお会いしましたか？

Have you ever tried Thai food?
タイ料理を食べたことはありますか？

⑪ I can ＋ 動詞の原形 ～
～できます

！基本フレーズ  ◀)) 11

I can speak **French.**

私はフランス語が話せます。

こんなときに使おう！

「何か外国語を話せる？」と聞かれて……

基本パターン

| 主語
(I) | ＋ | can | ＋ | 動詞の原形
(speak) | . |

『 主語 ＋ can ＋ 動詞の原形 』は、「 主語 が～することができる」
という表現です。

『can』には「～できる」の意味以外にも、「～が可能である」「～しても
よい」などの意味もあります。

また、「～することができるだろう」と未来のことを表現したい場合は、
『 主語 +will be able to+ 動詞の原形 』となります。

基本パターンで言ってみよう！

I can see you on Monday.
月曜日に会えるよ。

You can buy tickets on the Internet.
ネットでチケットを買えるよ。

✔ワンポイント 『on the Internet』インターネットで

I can help you.
手伝えるよ。

You can walk to the station.
駅まで歩けるよ。

You can stay my place.
うちに泊まれるよ。

You can get a free sample.
無料サンプルをもらえるよ。

You can go to Nagoya by Shinkansen.
新幹線で名古屋に行けます。

You can pay by credit card.
クレジットカードでお支払いいただけます。

He can attend the meeting.
彼は、打ち合わせに出席できます。

We both can swim.
私達2人とも泳げるよ。

応用

否定パターン

『can』を『can't（cannot）』に変えるだけ！

| 主語 | **＋** | can't (cannot) | **＋** | 動詞の原形 | . |

I can't speak French.（私はフランス語を話せません）
He can't speak French.（彼はフランス語を話せません）

疑問パターン

主語と『can』の順番を逆にするだけ！

| Can | **＋** | 主語 | **＋** | 動詞の原形 | ？ |

Can you speak French?（あなたはフランス語を話せますか？）
答え方 **Yes, I can.**（はい、話せます）
No, I can't.（いいえ、話せません）

Can he speak French?（彼はフランス語を話せますか？）
答え方 **Yes, he can.**（はい、話せます）
No, he can't.（いいえ、話せません）

過去パターン

『can』を『could』に変えるだけ！

| 主語 | **＋** | could | **＋** | 動詞の原形 | . |

I could speak French.（私はフランス語を話せました）
He could speak French.（彼はフランス語を話せました）

過去＋否定パターン

『can』を『couldn't』に変えるだけ！

| 主語 | ＋ | couldn't | ＋ | 動詞の原形 | . |

I couldn't speak **French.**（私はフランス語を話せませんでした）
He couldn't speak **French.**（彼はフランス語を話せませんでした）

 応用パターンで言ってみよう！

I can't believe **it!**
信じられない！

I can't make **it.**
都合がつきません。

✔ ワンポイント 『make it』都合がつく

He can't speak **English at all.**
彼は英語がまったく話せません。

✔ ワンポイント 『at all』（否定文で使用して）まったく〜ない

Can I have **some water?**
お水をいただけますか？

Can I get **a bag?**
袋をもらえますか？

She could pay **online.**
彼女はオンラインで支払うことができたよ。

I couldn't sleep **well last night.**
昨日の夜はよく眠れなかったよ。

12 I have to ＋ 動詞の原形 〜
〜しなければなりません

！ 基本フレーズ ━━━━━━━━━━━━━━ ◀》12

I have to go **now.**

もう行かなきゃ。

こんなときに使おう！

別れ際に、自分から別れを切り出したいときに……

基本パターン

主語 (I)	＋	have has to	＋	動詞の原形 (go)	.

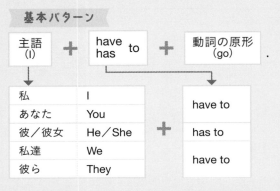

私	I		
あなた	You		have to
彼／彼女	He／She	＋	has to
私達	We		have to
彼ら	They		

『 主語 ＋ have (has) to ＋ 動詞の原形 』は、「 主語 が〜しなければならない」という表現です。

この『have (has)』は、「持っている」という意味の動詞『have (has)』とは違います。

発音は、have [hǽf（ハフ）] と has [hǽs（ハス）] となることに注意しましょう！

基本パターンで言ってみよう！

I have to go back to work.
仕事に戻らなきゃ。

I have to get up early tomorrow morning.
明日の朝は早起きしなきゃいけないんだ。

I have to ask my boss.
上司に相談しなければなりません。

We have to speak English in the office.
社内では、英語を話さなければなりません。

You have to change trains at Shinjuku.
新宿で乗り換えなきゃいけないよ。

> ✔ ワンポイント 『change trains』（電車を）乗り換える

You have to take a local train.
各駅停車に乗らなきゃいけないよ。

He has to study more.
彼はもっと勉強しなきゃいけないね。

I have to renew my passport.
パスポートを更新しなきゃ。

I have to get dressed.
着替えなきゃ。

否定パターン

『have to』の場合は、『have to』の前に『don't』をつけるだけ！
『has to』の場合は、『has to』を『have to』に変えて、『have to』の前に『doesn't』を入れるだけ！

I don't have to go. (私は、行く必要がありません)

He doesn't have to go. (彼は、行く必要がありません)

疑問パターン

『have to』の場合は、『Do』を主語の前につけるだけ！
『has to』の場合は、『has to』を『have to』に変えて、『Does』を主語の前につけるだけ！

Do you have to go? (あなたは行かなければなりませんか？)

答え方 ▶ **Yes, I do.** (はい、行かなければなりません)
No, I don't. (いいえ、行く必要はありません)

Does he have to go? (彼は行かなければなりませんか？)

答え方 ▶ **Yes, he does.** (はい、行かなければなりません)
No, he doesn't. (いいえ、行く必要はありません)

過去パターン

『have to』または『has to』を『had to』に変えるだけ！

| I / You / We / They
He / She | ＋ | had to | ＋ | 動詞の原形 | . |

I had to go.（私は行かなければなりませんでした）

He had to go.（彼は行かなければなりませんでした）

過去＋否定パターン

『have to』の場合は、『have to』の前に『didn't』をつけるだけ！
『has to』の場合は、『has to』を『have to』に変えて、『have to』の前に『didn't』を入れるだけ！

| I / You / We / They
He / She | ＋ | didn't | ＋ | have to | ＋ | 動詞の原形 | . |

I didn't have to go.（私は、行く必要がありませんでした）

He didn't have to go.（彼は、行く必要がありませんでした）

応用パターンで言ってみよう！

You don't have to join the meeting.
そのミーティングに参加する必要はないよ。

You didn't have to ask him.
彼に頼む必要はなかったのに。

We had to work last Saturday.
私達は、先週の土曜日、出勤しなければなりませんでした。

Do we have to make a reservation?
予約をとらなきゃいけないの？

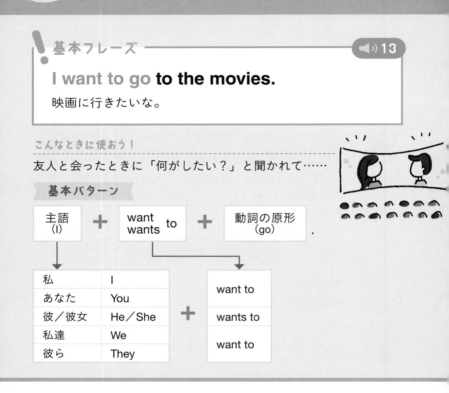

I want to go to the movies.

映画に行きたいな。

こんなときに使おう！

友人と会ったときに「何がしたい？」と聞かれて……

基本パターン

| 主語
(I) | ＋ | want
wants ｜to | ＋ | 動詞の原形
(go) | ． |

私	I
あなた	You
彼／彼女	He／She
私達	We
彼ら	They

| want to |
| wants to |
| want to |

『 主語 ＋ want（wants）to ＋ 動詞の原形 』は、「 主語 が〜し
たい」という表現です。

基本パターンで言ってみよう！

I want to go shopping.
買い物に行きたいな。

> ✔ワンポイント 『go shopping』買い物に行く

I want to buy this.
これを買いたいんだ。

I want to send it to Japan.
それを日本に送りたいんだ。

I want to study abroad.
留学したいの。

She wants to meet you.
彼女があなたに会いたがっているよ。

He wants to work in the U.S.
彼はアメリカで働きたがっているよ。

I want to lose weight.
痩せたいの。

We want to go to the Statue of Liberty.
僕たちは自由の女神に行きたいな。

否定パターン

　『want to』の場合は、『want to』の前に『don't』をつけるだけ！
　『wants to』の場合は、『wants to』を『want to』に変えて、『want to』の前に『doesn't』を入れるだけ！

I don't want to go to the movies.
（私は、映画に行きたくありません）

He doesn't want to go to the movies.
（彼は、映画に行きたがっていません）

疑問パターン

　『want to』の場合は、『Do』を主語の前につけるだけ！
　『wants to』の場合は、『wants to』を『want to』に変えて、『Does』を主語の前につけるだけ！

Do you want to go to the movies?
（あなたは映画に行きたいですか？）

答え方 **Yes, I do.**（はい、行きたいです）
　　　No, I don't.（いいえ、行きたくありません）

Does he want to go to the movies?
（彼は映画に行きたがっていますか？）

答え方 **Yes, he does.**（はい、行きたがっています）
　　　No, he doesn't.（いいえ、行きたがっていません）

過去パターン

　『want to』または『wants to』を『wanted to』に変えるだけ！

| I / You / We / They He / She | ＋ | wanted to | ＋ | 動詞の原形 | . |

I wanted to go **to the movies.**
（私は、映画に行きたかったです）
He wanted to go **to the movies.**
（彼は、映画に行きたがっていました）

過去 ＋ 否定パターン

　『want to』の場合は、『want to』の前に『didn't』をつけるだけ！
　『wants to』の場合は、『wants to』を『want to』に変えて、『want to』の前に『didn't』を入れるだけ！

| I / You / We / They He / She | ＋ | didn't | ＋ | want to | ＋ | 動詞の原形 | . |

I didn't want to go **to the movies.**
（私は、映画に行きたくありませんでした）
He didn't want to go **to the movies.**
（彼は、映画に行きたがりませんでした）

応用パターンで言ってみよう！

Do you want to stay home?
家にいたい？

Does she want to come with us?
彼女は私達と一緒に来たがってる？

We wanted to visit our friends, but we didn't have enough time.
僕たちは友人を訪ねたかったんだけど、時間がなかったんだ。

I wanted to drink a cappuccino, but they don't serve it.
カプチーノを飲みたかったんだけど、なかったよ。

I didn't want to bother you.
君の邪魔をしたくなかったんだけど。

He didn't want to come with us.
彼は一緒に来たがらなかったよ。

What do you want to do?
何がしたい？

What do you want to eat?
何が食べたい？

Where do you want to go?
どこに行きたいの？

これも知っておこう！

『want ＋ 名詞 』で「〜がほしい」という表現になります。
『want ＋ 名詞 』、『want to ＋ 動詞 』と覚えましょう。

I want a long vacation.
長い休暇がほしいです。

Do you want some?
ほしい？

※お菓子を「食べる？」というように、何かを勧めるときによく使います。

また、want と to の間に you、him、her などの人を表す代名詞を入れると、「人に〜してもらいたい」という意味になります。
直接的な印象を与えることがありますので、何かをお願いしたい場合には、パターン51、52などの表現を使うようにしましょう。

14 There is 〜
〜があります

基本フレーズ ━━━━━━━━━━━━━ 🔊 14

There is a bank at the corner.

角に銀行があります。

こんなときに使おう！

- -

道案内で目印を教えるときに……

基本パターン

There	＋	is are	＋	名詞の単数形 名詞の複数形

『There is〜』または『There are〜』は、「〜がある」という表現です。

「〜」にくる名詞が単数の場合には『There is〜』、複数の場合には『There are〜』となります。

基本パターンで言ってみよう！

There is a problem.
問題があるんだ。

There are some problems.
いくつか問題があるんだ。

There is a famous shop over there.
あそこに有名な店があるよ。

There is a post office near here.
この近くに郵便局があります。

There is a convenience store in front of the office.
オフィスの前に、コンビニがあります。

✔ ワンポイント 『in front of ～』 ～の前に

There is a tall office building near the shop.
その店の近くに、背の高いオフィスビルがあるよ。

There is nothing to do tonight.
今夜は何もすることがないよ。

✔ ワンポイント 『nothing to 動詞の原形』 ～することがない

There are some good restaurants in Ginza.
銀座にいいレストランがいくつかあるよ。

There are two exits.
出口が2つあります。

応用

否定パターン

be 動詞を『is → isn't』に、『are → aren't』に変えるだけ！

There ╋ isn't / aren't ╋ 名詞 .

There isn't **a bank at the corner.**（角に銀行はありません）

応用パターンで言ってみよう！

There isn't any snow.
雪が全然ないね。

There was a good movie on TV yesterday.
昨日、テレビでいい映画をやってたよ。

> ✔ ワンポイント　be 動詞を『is → was』『are → were』に変えると、過去形になります。

There isn't a post office around here.
このあたりに郵便局はないよ。

There isn't a traffic jam.
交通渋滞はありません。

There isn't a taxi stand.
タクシー乗り場はありません。

There isn't any extra charge.
追加料金はかかりません。

70

疑問パターン

『there』と be 動詞（is/are）の順番を逆にするだけ！

| Is / Are | + | there | + | 名詞 | ? |

Is there a bank at the corner?（角に銀行はありますか？）

答え方 **Yes, there is.**（はい、あります）
No, there isn't.（いいえ、ありません）

応用 パターンで言ってみよう！

Is there a gas station around here?
この辺りにガソリンスタンドはありますか？

Are there any landmarks?
何か目印はありますか？

Is there a parking lot?
駐車場はありますか？

Is there anything around there?
まわりに何かある？

これも知っておこう！

お店で「〜はありますか？」と聞く場合など、「ある」＝「持っている」の意味になる場合は、『Is there〜?』ではなく『Do you have 〜?』と聞きましょう。

Do you have a menu?
メニューはありますか？

Do you have a city map?
市内地図はありますか？

15 What is 〜？
〜は何ですか？

基本フレーズ　　　　　　　　　　　🔊 15

What is **this?**

これは何ですか？

こんなときに使おう！

何か分からないものを見たときに……

| What | ✚ | is
are | ✚ | 単数名詞
複数名詞 | ？ |

『What is (are)〜？』は、「〜は何ですか？」という表現です。

「〜」には、名詞がきます。

「〜」の名詞が単数名詞のときには『is』、複数名詞のときには『are』
となります。

『What is〜？』と聞かれたら、『It is〜』と答えます。

『What are〜？』の場合は、『They are〜』と答えます。

基本パターンで言ってみよう！

What is your son's name?
息子さんの名前は何ですか？

What is your favorite food?
あなたの好きな食べ物は何？

What is her famous book?
彼女の有名な本は何？

What is his email address?
彼のEメールアドレスは何？

What is the date today?
今日は何日？

What is today's special?
今日の特別メニューは何ですか？

What is the difference between A and B?
AとBの違いは何？

> ✔ ワンポイント 『difference between A and B』A と B の違い

What was your major?
君の専攻は何だった？

> ✔ ワンポイント be 動詞を『am/is → was』『are → were』に変えると、過去
> 形になります。

応用

何を〜するのですか？

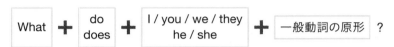

| What | + | do
does | + | I / you / we / they
he / she | + | 一般動詞の原形 | ？ |

応用パターンで言ってみよう！

What do you mean?
どういう意味？

What do you do on your day off?
休みの日には、何をするの？

What do you want to eat?
何が食べたい？

What does she do?
彼女は何をしているの？

✔ワンポイント 職業を聞くときによく使います。

What do they study?
彼らは何を勉強しているの？

応用パターン 2

何を〜したのですか？

| What | ＋ | did | ＋ | 主語 | ＋ | 一般動詞の原形 | ？ |

応用パターンで言ってみよう！

What did you do yesterday?
昨日、何した？

What did you buy?
何を買ったの？

What did you study at university?
大学で何を勉強したの？

What did you eat for lunch?
お昼ご飯は何を食べた？

What did your wife say?
奥さんは何て言ってた？

What did your boyfriend give you for your birthday?
彼氏は誕生日に何をくれたの？

応用

応用パターン3

何を〜していますか？

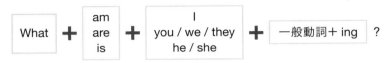

| What | + | am
are
is | + | I
you / we / they
he / she | + | 一般動詞＋ing | ? |

応用パターンで言ってみよう！

What are you doing?
何をしているの？

What are you looking at?
何を見てるの？

> ✔ ワンポイント　『look at 〜』〜を見る

What are you talking about?
何のことを言っているの？

What is he thinking about?
彼は何を考えているの？

What are they arguing about?
彼らは何をもめているの？

応用パターン4

何を〜するつもりですか？

応用パターンで言ってみよう！

What are you going to do tomorrow?
明日、何をするつもり？

- -

What are you going to do after you graduate from university?
大学を卒業したら、何をするつもり？

- -

What are you going to eat for dinner?
夕飯に何を食べるつもり？

これも知っておこう！

What の後に名詞をつなげることもできます。

What day is it today?
今日は何曜日ですか？

What computer do you use?
どのコンピュータを使ってるの？

16 Which is 〜？
どちらが〜？

Which is your sister?

どちらがあなたの妹さんですか？

こんなときに使おう！

友達に写真を見せられたときに……

基本パターン

| Which | ＋ | is | ＋ | 名詞 | ？ |

『Which is 〜？』は、「どちらが〜ですか？」という表現です。

選択肢があることに対して使われます。

『Which is 〜？』と聞かれたら、『This is 〜』や『That is 〜』など
と答えます。

基本パターンで言ってみよう！

Which is yours?
どっちがあなたの？

Which is coffee?
どっちがコーヒー？

Which is your car?
どっちが君の車？

Which is my glass?
どっちが私のグラス？

Which is your dog?
どっちがあなたの犬？

Which is cheaper?
どっちが安い？

> ✔ ワンポイント 『Which is 』の後に形容詞の比較級を持ってくることもできます。

Which is better?
どっちがいい？

応用

応用パターン1

どちらが〜しますか？

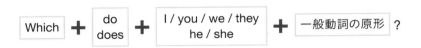

Which + do / does + I / you / we / they / he / she + 一般動詞の原形 ?

応用パターンで言ってみよう！

Which do you like better, coffee or tea?
コーヒーと紅茶とどちらが好き？

Which do you want to eat?
どちらを食べたい？

Which do you recommend?
どちらがお勧めですか？

Which do you need?
どちらが必要ですか？

Which do you prefer?
どちらがいいですか？

Which does she use?
彼女はどちらを使いますか？

応用パターン2

どちらを〜するつもりですか？

Which + am/are/is + I/you/we/they/he/she + going to + 一般動詞の原形 ?

応用パターンで言ってみよう！

Which are you going to buy?
どっちを買うつもり？

Which are you going to choose?
どっちを選ぶつもり？

Which is she going to order?
彼女はどっちを注文するつもり？

これも知っておこう！

Which の後に名詞をつなげることもできます。

Which color do you like?
どっちの色が好き？

Which flower do you recommend?
どっちの花を勧めますか？

Who is 〜 ?
〜は誰？

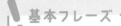基本フレーズ ◀)) 17

Who is **she?**

彼女は誰？

こんなときに使おう！

ある女性を初めて見たときに……

基本パターン

| Who | + | is
are | + | 名詞 | ? |

『Who is (are) 〜 ?』は、「〜は誰ですか？」という表現です。

『Who is (are) 〜 ?』と聞かれたら、『〜 is (are) …』や、「〜」を代名詞（he，she，they など）に置き換えて、『 代名詞 is (are) 〜』と答えます。

基本パターンで言ってみよう！

Who is your teacher?
君の先生は誰？

Who is that girl?
あの女の子は誰？

Who is your favorite singer?
あなたの好きな歌手は誰ですか？

Who is her boyfriend?
彼女の彼氏って誰？

Who is Mr. Jones?
ジョーンズさんって誰？

Who is your boss?
あなたの上司は誰ですか？

Who is the best?
誰が一番？

Who is this?
（電話の相手に）どちら様ですか？

Who is the man over there?
あそこにいる男性は誰ですか？

応用

誰が〜しますか？

| Who | **+** | 一般動詞の現在形 | ? |

応用パターンで言ってみよう！

Who cares?
誰が気にするの？

Who plays the piano?
誰がピアノを弾くの？

✔ ワンポイント 『play the 楽器』楽器を演奏する

Who loves him?
誰が彼を愛してるって？

Who knows the truth?
誰が本当のことを知っているの？

Who thinks so?
誰がそう思うの？

郵便はがき

112-0005

恐れ入りますが
切手を貼って
お出しください

東京都文京区水道 2-11-5

明日香出版社

プレゼント係行

感想を送っていただいた方の中から
毎月抽選で 10 名様に図書カード(1000 円分)をプレゼント！

ふりがな お名前	
ご住所	郵便番号 (　　　　　　) 電話 (　　　　　　　　　)
	都道 府県
メールアドレス	

＊ ご記入いただいた個人情報は厳重に管理し、弊社からのご案内や商品の発送以外の目的で使うことはありません。
＊ 弊社 WEB サイトからもご意見、ご感想の書き込みが可能です。

明日香出版社ホームページ　https://www.asuka-g.co.jp

ご愛読ありがとうございます。
今後の参考にさせていただきますので、ぜひご意見をお聞かせください。

本書の
タイトル

年齢：　　　歳	性別：男・女	ご職業：	月頃購入

● 何でこの本のことを知りましたか？
① 書店　② コンビニ　③ WEB　④ 新聞広告　⑤ その他
(具体的には →　　　　　　　　　　　　　　　　　　　　　　　　　)

● どこでこの本を購入しましたか？
① 書店　② ネット　③ コンビニ　④ その他
(具体的なお店 →　　　　　　　　　　　　　　　　　　　　　　　　)

● 感想をお聞かせください
① 価格　　　　高い・ふつう・安い
② 著者　　　　悪い・ふつう・良い
③ レイアウト　悪い・ふつう・良い
④ タイトル　　悪い・ふつう・良い
⑤ カバー　　　悪い・ふつう・良い
⑥ 総評　　　　悪い・ふつう・良い

● 購入の決め手は何ですか？

● 実際に読んでみていかがでしたか？（良いところ、不満な点）

● その他（解決したい悩み、出版してほしいテーマ、ご意見など）

● ご意見、ご感想を弊社ホームページなどで紹介しても良いですか？
① 名前を出して良い　② イニシャルなら良い　③ 出さないでほしい

ご協力ありがとうございました。

応用パターン2

誰が〜しましたか？

| Who | ＋ | 一般動詞の過去形 | ？ |

応用パターンで言ってみよう！

Who said so?
誰がそう言ったの？

Who told you?
誰が君に話したの？

Who did it?
誰がやったの？

Who named you?
誰があなたを名づけたの？

Who made the website?
誰がそのウェブサイトを作ったの？

Who won the game?
誰が試合に勝ったの？

When is 〜 ?
〜はいつ？

🔊 18

基本フレーズ

When is your birthday?

君の誕生日はいつ？

こんなときに使おう！

誕生日を聞きたいときに……

基本パターン

When + is + 名詞 ?

『When is 〜 ?』は、「〜はいつですか？」という表現です。

『When is 〜 ?』と聞かれたら、『It is tomorrow.（明日です）』や『It is on Sunday.（日曜日です）』などのように答えます。

p.90〜p.91によく使う日時を表す単語を紹介していますので、参考にしてください。

基本パターンで言ってみよう！

When is her wedding?
彼女の結婚式はいつ？

When is your day off?
あなたの休みはいつ？

When is the deadline?
締め切りはいつですか？

When is that?
それはいつ？

When is the next bus?
次のバスはいつですか？

When is the best-before date?
賞味期限はいつですか？

✔ワンポイント 『best-before date』賞味期限

When is the exam?
試験はいつですか？

When is the next job interview?
次の採用面接はいつですか？

✔ワンポイント 『job interview』採用面接

When is the last updated date?
最終更新日はいつですか？

応用

応用パターン1

いつ〜しますか？

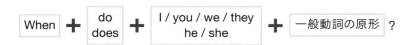

| When | **+** | do / does | **+** | I / you / we / they / he / she | **+** | 一般動詞の原形 | ? |

応用パターン2

いつ〜しましたか？

| When | **+** | did | **+** | 主語 | **+** | 一般動詞の現在形 | ? |

応用パターン3

いつ〜するつもりですか？

| Which | **+** | am / are / is | **+** | I / you / we / they / he / she | **+** | going to | **+** | 一般動詞の原形 | ? |

応用パターンで言ってみよう！

When do we have a meeting?
いつ打ち合わせをする？

When does he come to work?
彼はいつ働きに来るの？

When do you go to school?
いつ学校に行くの？

When did you see her?
いつ彼女に会ったの？

When did you go to Kyoto?
いつ京都に行ったの？

When did you get engaged?
いつ婚約したの？

When did you get married?
いつ結婚したの？

When are you going to move?
いつ引越しするつもり？

When are you going to buy a new car?
いつ新車を買うつもり？

When are you going to take a trip to Kyoto?
いつ京都に旅行するつもり？

When are you going to meet him?
いつ彼に会うつもり？

これも知っておこう！ ——日時を表す単語

【月】

1月	January	7月	July
2月	February	8月	August
3月	March	9月	September
4月	April	10月	October
5月	May	11月	November
6月	June	12月	December

【日】

1日	first	11日	eleventh	21日	twenty-first
2日	second	12日	twelfth	22日	twenty-second
3日	third	13日	thirteenth	23日	twenty-third
4日	fourth	14日	fourteenth	24日	twenty-fourth
5日	fifth	15日	fifteenth	25日	twenty-fifth
6日	sixth	16日	sixteenth	26日	twenty-sixth
7日	seventh	17日	seventeenth	27日	twenty-seventh
8日	eighth	18日	eighteenth	28日	twenty-eighth
9日	ninth	19日	nineteenth	29日	twenty-ninth
10日	tenth	20日	twentieth	30日	thirtieth
				31日	thirty-first

※9日、12日、19日、20日、29日、30日は、つづりに注意！

【曜日】
月曜日	Monday
火曜日	Tuesday
水曜日	Wednesday
木曜日	Thursday
金曜日	Friday
土曜日	Saturday
日曜日	Sunday

【その他】
おととい	the day before yesterday
昨日	yesterday
今日	today
明日	tomorrow
あさって	the day after tomorrow
先週	last week
今週	this week
来週	next week
先月	last month
今月	this month
来月	next month
午前中	in the morning
午後	in the afternoon
月曜日の午前中	Monday morning
月曜日の午後	Monday afternoon

⑲ Where is 〜 ?
〜はどこ？

! 基本フレーズ

Where is **the bathroom?**

トイレはどこですか？

こんなときに使おう！

レストランや店などでトイレの場所を聞きたいときに……

基本パターン

| Where | ＋ | is | ＋ | 名詞 | ? |

『Where is (are) 〜 ?』は、「〜はどこですか？」という表現です。

『Where is (are) 〜 ?』と聞かれたら、『It is in Tokyo.（東京にあります）』

や『It's on the second floor.（2階にあります）』などのように答えます。

基本パターンで言ってみよう！

Where is ABC Station?
ABC駅はどこですか？

Where is the Yamanote Line?
山手線はどこですか？

Where is my seat?
（飛行機などで）私の席はどこですか？

Where is your head office?
本社はどちらですか？

> ✔ワンポイント 『head office』本社

Where is your school?
学校はどこ？

Where is the food section?
食品売り場はどこですか？

Where are you from?
どこの出身ですか？

Where are you now?
今、どこにいるの？

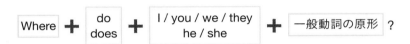

応用パターン1

どこで（に）〜しますか？

| Where | ＋ | do
does | ＋ | I / you / we / they
he / she | ＋ | 一般動詞の原形 ? |

応用パターンで言ってみよう！

Where do you live?
どこに住んでるの？

Where does he work?
彼はどこで働いているの？

応用パターン2

どこで（に）〜しましたか？

| Where | ＋ | did | ＋ | 主語 | ＋ | 一般動詞の現在形 ? |

応用パターンで言ってみよう！

Where did you meet her?
どこで彼女に会ったの？

Where did you buy this?
どこでこれを買ったの？

その他の応用パターン

『can』や『should』など、いろいろな表現と組み合わせ
ることができます。

応用パターンで言ってみよう！

Where can I find kitchenware?
台所用品はどこですか？

Where can we get information?
どこで情報を得られますか？

Where should I go?
どこに行けばいいですか？

Where should I change trains?
どこで乗り換えればいいですか？

Where would you like to go?
どこに行きたいのですか？

Where shall we meet?
どこで会いましょうか？

Where should I sign?
どこにサインしたらいいですか？

❗ 基本フレーズ ───────────── ◀》20

Why do you think so?

どうしてそう思うの？

こんなときに使おう！

相手の考えの根拠を聞きたいときに……

基本パターン

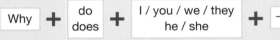

| Why | ＋ | do
does | ＋ | I / you / we / they
he / she | ＋ | 一般動詞の原形 | ？ |

『Why ＋ do/does ＋ 主語 ＋ 一般動詞の原形 ?』は、「 主語 はど
うして〜するのですか？」「 主語 はなぜ〜するのですか？」と、理由を
尋ねる表現です。

『Why?』だけでもよく使います。

『Why 〜 ?』と聞かれたら、『Because 〜』で答えます。

基本パターンで言ってみよう！

Why do you go to bed so early?

どうしてそんなに早く寝るの？

答え方 **Because I have to get up at five tomorrow morning.**
明日の朝5時に起きなきゃいけないからだよ。

Why do you love her?

どうして彼女を愛してるの？

答え方 **Because she is a hard worker.**
彼女は努力家だからだよ。

Why do you want to work for ABC Company?

どうしてABC社で働きたいの？

答え方 **Because I love the president of ABC Company.**
ABC 社の社長が好きだからだよ。

Why is she staying home?

どうして彼女は家にいるの？

答え方 **Because she is tired.**
疲れているからだよ。

Why is he studying Spanish?

どうして彼はスペイン語を勉強しているの？

答え方 **Because he is going to take a trip to Spain next month.**
来月、スペインに旅行に行くからだよ。

過去パターン

どうして〜しましたか？

| Why | ＋ | did | ＋ | 主語 | ＋ | 一般動詞の現在形 | ？ |

 応用パターンで言ってみよう！

Why did you call her?

どうして彼女に電話したの？

答え方 **Because I had something to tell her.**
彼女に伝えなきゃいけないことがあったからだよ。

Why did you go to Osaka?

どうして大阪に行ったの？

答え方 **Because I went on a business trip.**
出張だったんだよ。

Why did he say so?

どうして彼はそう言ったの？

答え方 **I don't know.**
わからないよ。
※『Because 〜』を使わずに、このような答え方もできます。

その他の応用パターン

『 be動詞 ＋ going to 〜』や『can』など、いろいろな表現と組み合わせることができます。

応用パターンで言ってみよう！

Why are you going to quit your job?

どうして仕事を辞めるの？

答え方 **Because I will study in the U.S. next year.**
来年、アメリカに留学するからだよ。

Why can you contact him?

どうして彼と連絡がとれるの？

答え方 **Because he told me his LINE ID.**
彼が LINE ID を教えてくれたからだよ。

Why should you wear a seatbelt?

どうしてシートベルトを着けなければならないのでしょうか？

答え方 **Because it is obligated by law.**
法律で義務づけられているからです。

How is ～？
～はどう？

21

!基本フレーズ　　　　　　　　　　　　　🔊)21

How is **work?**

仕事はどう？

こんなときに使おう！
- -
相手の仕事の調子を聞きたいときに……

基本パターン

| How | + | is are | + | 名詞 | ? |

『How is (are) ～ ?』は、「～はどうですか?」という表現です。

『How』には、状態の「どのように」のほか、手段・方法の「どうやって」という意味もあります。

『How』に対しては、いろいろな答え方ができます。各フレーズの答え方の一例を一緒にご紹介しておきます。

応用パターンで言ってみよう！

How are you?

お元気ですか？

答え方 **Pretty good.**
調子いいよ。
I have a cold, and don't feel so well.
風邪をひいていて、あまり気分がよくないよ。

How is your family?

ご家族は元気？

答え方 **They all are fine.**
皆、元気です。

How is your wife?

奥さんは元気？

答え方 **She is fine.**
元気ですよ。

How is the weather?

天気はどう？

答え方 **It's fine.**
晴れてるよ。
It's cloudy.
曇ってるよ。
It's raining.
雨が降ってるよ。

How is school?

学校はどう？

答え方 **It's fun.**
楽しいよ。
I can't keep up with math.
数学についていけないよ。

応用

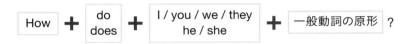

応用パターン1

どのように（どうやって）～するのですか？

How **+** do / does **+** I / you / we / they he / she **+** 一般動詞の原形 ?

応用パターンで言ってみよう！

How do you spend your holidays?

あなたはどのように休日を過ごしますか？

答え方 **I usually stay home and relax.**
だいたい、家でくつろいでいます。

How do you spell your name?

あなたの名前はどうつづりますか？

答え方 **It's M-A-K-I.**
M（エム）・A（エー）・K（ケー）・I（アイ）です。

How do you feel?

気分はどう？

答え方 **I feel good.**
いいよ。

How do you like living in Japan?

日本での生活はどう？

答え方 **I like it very much.**
とても気に入っています。

応用パターン2

どのように（どうやって）～したのですか？

| How | + | did | + | 主語 | + | 一般動詞の原形 | ? |

応用パターンで言ってみよう！

How did you get to Osaka?

あなたはどうやって大阪に行ったのですか？

答え方 **By airplane.**
飛行機です。

How did you meet each other?

どうやって知り合ったのですか？

答え方 **We met at my friend's wedding party.**
友人の結婚パーティで会ったんだ。

How did you get to Shinjuku Station?

どうやって新宿駅に行きましたか？

答え方 **I took the Yamanote Line.**
山手線に乗りました。

How did he lose weight?

彼はどうやってやせたの？

答え方 **He went to the gym every day.**
毎日ジムに通ったんだ。

さらに応用

● How old 〜？（何歳ですか）

How old are you?

あなたは何歳ですか？

答え方 **I'm twenty years old.**
20歳です。

How old is your mom?

あなたのお母さんは何歳ですか？

答え方 **She is fifty years old.**
50歳です。

● How much 〜？（いくらですか）

How much is it?

いくらですか？

答え方 **It's 500 yen.**
500円です。

How much is this watch?

この時計はいくらですか？

答え方 **It's 8,000 yen.**
8,000円です。

● How many 〜？（いくつですか）

How many do you want?

いくついりますか？

答え方 **I want fifteen.**
15個ほしいのですが。

How many people were there at her wedding party?

彼女の結婚パーティに何人いましたか？

答え方 **There were about eighty people there.**
約80人いましたよ。

● How long 〜？（どれくらい〈時間〉ですか）

How long is your summer vacation?

夏休みはどれくらいですか？

答え方 **It's just five days.**
たった5日間だよ。

How long does it take?

どれくらいかかりますか？

答え方 **It takes about thirty minutes.**
30分くらいだよ。

さらに応用

● How far 〜？（どれくらい〈距離〉ですか）

How far is it?

どれくらい〈距離〉ありますか？

答え方 **It's about fifteen kilometers away.**
15キロくらいだよ。

How far is it from here to your home?

ここから君の家までどれくらい？

答え方 **It takes about thirty minutes.**
30分くらいだよ。

> ✔ワンポイント　『How far 〜？』は距離を尋ねるときに使いますが、会話では、その答えとして、距離ではなく、時間で答えることもあります。

● How often 〜？（どれくらいの頻度で〜しますか、よく〜しますか）

How often do you go to the office?

どれくらいオフィスに行っていますか？

答え方 **(I go to the office) Twice a week.**
週に2回です。

How often do you eat out?

どれくらい外食しますか？（よく外食しますか？）

答え方 **(I eat out) Once a week.**
週に1回だね。

おまけのパターン

「72パターンにもう1パターン追加するとしたら？」と言われたら、『**It is ～ to ・・・（・・・するのは～だ）**』を選びます。

『It is+ 形容詞 +to+ 動詞の原形 』で「～するのは・・・だ」という表現になります。

「for+ 人」を加えて『It is+ 形容詞 +for+ 人 +to+ 動詞の原形 』とすると、「人が～するのは・・・だ」という表現になります。

なお、「It is」の部分は「It's」と省略形でよく話されています。

It's hard to explain.（説明するのは難しいよ）
It's hard for her to explain.（彼女が説明するのは難しいよ）

また、『It is(It's) not ～ to ・・・』とすると「・・・するのは～ではない」、『It was ～ to ・・・』とすると「・・・して～だった」という表現になります。

It's not easy to lose weight.（痩せるのは簡単じゃないよ）
It was good to see you.（あなたに会えてよかったよ）

この表現は、『CD BOOK 72パターンに＋αで何でも話せる英会話』の中で＋αの表現として紹介しているのですが、著者もよく使っている便利な表現ですので、ぜひもう1パターン追加で習得してください。

英語力アップのコツ

外国人と会話をしているときに、同席している日本人の方から「○○って何て言えばいいの？」と尋ねられることがあります。

皆さんも「こういうことを言いたいのだけど、英語で何て言うのかな？」「言いたい英単語がわからないな……」と思った経験があると思います。

そういうときには、諦めずに知っている単語や表現で言い換えられないかを考えてみましょう。

そもそも日本語にはあるけれど、英語にはない単語や表現も存在しています。

言いたい日本語をダイレクトに英語に訳すのではなく、自分の知っている単語や表現で言い換えられないかを考えてみてください。

たとえば、「10時から打ち合わせに参加しなきゃ」と言いたいときに、「参加する」という単語がわからなければ、「打ち合わせに参加する」→「打ち合わせがある」と言い換えれば「参加する」という単語を使わずに "I have a meeting at 10:00." と伝えることができます。

難しい内容を易しい内容に言い換えたり、複雑な内容をシンプルにしたりすることで、自分の知っている単語や表現で伝えられるようになります。

知っている単語や表現だけで、意外と話せるようになりますので、ぜひやってみてください。

Part

II

使える！

頻出
パターン

51

22 I'd like 〜
〜をいただきたいのですが

！基本フレーズ

I'd like some water.

お水をいただきたいのですが。

こんなときに使おう！

レストランで水をもらいたいときに、ウェイターに……

基本パターン

I'd like
(I would like)
＋
名詞
.

『I'd like〜』は、『I want〜（〜がほしい）』の丁寧バージョンです。
『I want〜』は、友人など親しい人に対して使いますが、『I'd like〜』
は初対面やあまり親しくない人、目上の人に対して使います。

レストランや店などで「〜をいただきたいのですが」と言うような
ときによく使います。

正式には、『I would like〜』ですが、会話では would を'd と省略形
にして話されています。

また、「〜」には名詞がきます。

基本パターンで言ってみよう！

I'd like a wine list.
ワインリストをいただきたいのですが。

I'd like fish.
（機内食やコース料理で、肉か魚かどちらがいいかと聞かれたときなどに）魚がいいです。

I'd like an aisle seat.
通路側の席がいいです。

> ✔ワンポイント 『aisle seat』通路側の席。窓側の席は『window seat』

I'd like some more.
もう少しいただきたいのですが。

I'd like these shoes.
この靴がいいです。

> ✔ワンポイント 靴は左右２つで１ペアなので、必ず複数形になります。

I'd like a plastic bag.
ビニール袋をいただきたいのですが。

I'd like your opinion.
あなたのご意見を聞きたいのですが。

I'd like this one.
これをいただきたいのですが。

23 I'd like to 〜
〜したいです

!**基本フレーズ** 🔊23

I'd like to return this.

これを返品したいのですが。

こんなときに使おう！

買ったものを店に返品したいときに……

基本パターン

I'd like to
(I would like to)

＋

動詞の原形

.

『I'd like to〜』は、『I want to〜（〜したい）』の丁寧バージョンです。前の『I'd like〜』と同様、初対面やあまり親しくない人、目上の人に対しては、『I want to〜』ではなく、『I'd like to〜』を使いましょう。「〜」には、動詞の原形がきます。

22.の『I'd like〜』との使い分けは、物がほしいときには『I'd like ＋ 名詞 』、動作をしたいときには『I'd like to ＋ 動詞の原形 』と覚えましょう。

基本パターンで言ってみよう！

I'd like to **try this on.**
これを試着したいのですが。

> ✔ ワンポイント　『try on 〜』〜を試着する。「〜」に代名詞（this、it など）
> がくる場合は、『try 〜 on』となります。

I'd like to **rent a car.**
（レンタカーをするときに）車を借りたいのですが。

I'd like to **make a reservation.**
予約したいのですが。

> ✔ ワンポイント　『make a reservation』予約する

I'd like to **buy this T-shirt.**
このTシャツを買いたいです。

I'd like to **speak to Ms. Jones.**
ジョーンズさんとお話ししたいのですが。

I'd like to **see you as soon as possible.**
できるだけ早くあなたにお会いしたいのですが。

> ✔ ワンポイント　『as 〜 as possible』できるだけ〜。「〜」には形容詞がきま
> す。

I'd like to **exchange money.**
両替したいのですが。

> ✔ ワンポイント　『exchange money』両替する

Would you like 〜 ?
〜はいかがですか？

Would you like **a drink?**

お飲み物はいかがですか？

こんなときに使おう！

レストランで、お客さんに飲み物を勧めるときに……

基本パターン

| Would you like | ＋ | 名詞 | ? |

『would you like〜?』は、『Do you want〜？（〜がほしい？）』の丁寧バージョンで、何かを勧めるときや要望を聞くときに使います。

「〜」には、名詞がきます。

初対面やあまり親しくない人、目上の人に対しては、『Do you want〜？』ではなく、『Would you like〜？』を使いましょう。

『Would you like〜?』と聞かれたら、『Yes, please.（はい、お願いします）』や、『No, thank you.（いいえ、結構です）』などと答えます。

基本パターンで言ってみよう！

Would you like some coffee?
コーヒーはいかがですか？

Would you like some?
いかがですか？

✔ ワンポイント 『Do you want some?』の丁寧表現です（p.67 参照）。

Would you like more bread?
パンのおかわりはいかがですか？

Would you like a refill?
おかわりはいかがですか？

Would you like a receipt?
領収書はいりますか？

Would you like anything else?
他に何かいかがですか？

Would you like a window seat?
窓側の席をご希望ですか？

What would you like?
何がよろしいですか？

Would you like to 〜？
〜されますか？

> **！基本フレーズ** ◀)) 25
>
> ### Would you like to **leave a message?**
> ご伝言を残されますか？

こんなときに使おう！
- -
電話をかけてきた相手の話したい人が不在のときに……

基本パターン

| Would you like to | ＋ | 動詞の原形 | ？ |

『Would you like to〜?』は、『Do you want to〜?（〜したい？）』
の丁寧バージョンで、何かをすることを勧めるときや要望を聞くと
きに使います。「〜」には、動詞の原形がきます。

『Would you like to〜?』と聞かれたら、『Yes, I'd love to.（ええ、
ぜひ）』『Sure.（ぜひ）』『Why not?（ぜひ）』『I'd rather not.（やめ
ておきます）』『No, thank you.（いいえ、結構です）』などと答えま
しょう。

24. の『Would you like〜?』との使い分けは、物をほしいかどうか
を尋ねるときには『Would you like ＋ 名詞 ?』、動作をしたいかど
うかを尋ねるときには『Would you like to ＋ 動詞 ?』と覚えましょ
う。

基本パターンで言ってみよう！

Would you like to join us?
参加されますか？

Would you like to buy this?
こちらを購入されますか？

Would you like to have dinner with me tomorrow night?
明日の夜、夕食をご一緒しませんか？

Would you like to travel abroad?
海外旅行をしたいですか？

Would you like to eat here?
店内でお召し上がりですか？

Would you like to make a reservation?
ご予約されますか？

What would you like to drink?
何をお飲みになりますか？

What would you like to do tomorrow?
明日、何をしたいですか？

Where would you like to go on Sunday?
日曜日、どこに行きたいですか？

26 How about 〜?

〜はどう？

! 基本フレーズ 🔊26

How about **Japanese food?**

和食はどう？

こんなときに使おう！

一緒にご飯を食べることになり、何を食べるか決めるときに……

基本パターン

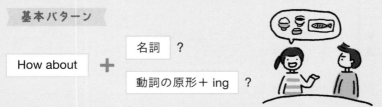

How about ＋ [名詞] ？

[動詞の原形＋ing] ？

『How about〜?』は、『〜はどう？』と何かを提案するときに使う表現です。

「〜」には、名詞か [動詞の原形＋ing] がきますが、物を提案するときには名詞、動作を提案するときには [動詞の原形＋ing] となります。

『How about〜?』と聞かれたら、『Sure.（ぜひ）』『That's a good idea.（いい案だね）』『OK.（いいよ）』『I'd rather not.（やめておきます）』などと答えましょう。

118

基本パターンで言ってみよう！

How about Kamakura?
鎌倉はどう？

How about next Saturday?
来週の土曜日はどう？

How about tomorrow night?
明日の夜はどう？

How about two in the afternoon?
午後2時はどう？

How about you?
あなたはどう？

How about this blue one?
この青いのはどう？

How about going to the Italian restaurant?
そのイタリアンレストランに行くのはどう？

How about rebooting the server?
サーバーを再起動したらどう？

How about going to the movies?
映画に行くのはどう？

27 Why don't you 〜 ?
〜したらどう？

! 基本フレーズ ━━━━━━━━━━ ◀))**27**

Why don't you **try sashimi?**

刺身を食べてみたら？

こんなときに使おう！

「刺身を食べたことがない」という相手に……

基本パターン

| Why don't you | **+** | 動詞の原形 | ？ |

SASHIMI?

『Why don't you〜?』は、「〜したらどう？」と相手に何かを促す表現です。何かをアドバイスするときなどに使います。

「〜」には、動詞の原形がきます。

『Why don't you〜?』と聞かれたら、『Sure.（ぜひ）』『I'd rather not.（やめておきます）』などと答えましょう。

基本パターンで言ってみよう！

Why don't you try this on?
これを試着してみたら？

Why don't you read this book?
この本を読んだら？

Why don't you use this?
これを使ってみたら？

Why don't you work out at the gym?
ジムでトレーニングしたら？

> ✔ ワンポイント 『work out』トレーニングをする、体を鍛える

Why don't you take a few days off?
2〜3日休みをとったら？

> ✔ ワンポイント 『take a few days off』2〜3日の休みをとる

これも知っておこう！

『Why don't we〜?』と主語を『we』にすると、「〜しませんか？」
と誘う表現になります。
『Why don't we〜?』と聞かれたら、『Yes, let's.（ええ、そうしましょう）』『I'd rather not.（やめておくよ）』などと答えます。

Why don't we go to Hakone?
箱根に行きませんか？

Why don't we take a break?
休憩しませんか？

28 Let's 〜
〜しよう

!基本フレーズ ━━━━━━━━━━━━━━━━ ◀) 28

Let's go shopping.
買い物に行こうよ。

こんなときに使おう！

買い物に誘うときに……

基本パターン

| Let's | ╋ | 動詞の原形 | . |

『Let's 〜』は「〜しよう」と誘う表現で、「〜」には動詞の原形がきます。

『Let's〜』には、一方的なニュアンスがありますので、相手の気持ちを尊重しながら誘いたいときには、『Would you like to 〜?（〜したいですか？）』や『Shall we 〜?（〜しましょうか？）』を使いましょう。『Shall we〜?』の場合も、「〜」には動詞の原形がきます。

また、『Let's〜』と言われたときには、『Yes. let's.（うん、そうしよう）』『Sure.（ぜひ）』『That's a good idea.（いい案だね）』『I'd rather not.（やめておくよ）』『No. I don't want to.（やりたくないよ）』などと答えます。

基本パターンで言ってみよう！

Let's go for a walk.
散歩に行こう！

Let's get together at least once a year.
年に一度は集まろうよ。

> ✔ ワンポイント　『at least』少なくとも、『once a year』年に一度

Let's go out now.
さあ、出かけよう。

Let's meet in front of ABC Bank.
ABC銀行の前で会おう。

Let's meet at the South Exit.
南口で会おう。

> ✔ ワンポイント　『South Exit』南口、『North Exit』北口、『East Exit』東口、
> 『West Exit』西口

Let's ask him about his new girlfriend.
新しい彼女のことを彼に聞いてみよう。

Let's study in the library.
図書館で勉強しよう。

Let's share this dish.
この料理をとりわけよう。

29 I think 〜
〜だと思うよ

! 基本フレーズ　　　　　　　　　　　　　　◀)) 29

I think it's cheap.
安いと思います。

こんなときに使おう！

相手が、品物の値段について意見を求めてきたときに……

基本パターン

| I think | **+** | 主語 | **+** | 動詞 | . |

『I think + 主語 + 動詞 』は、「 主語 は〜すると思います」という表現で、自分の意見を言うときに使います。

基本パターンで言ってみよう！

I think that's a good idea.
良い案だと思うよ。

- -

I think I understand.
わかっていると思います。

I think I'll be OK.
私は大丈夫だと思うよ。

I think I can go with you tomorrow.
明日一緒に行けると思うよ。

I think he knows that.
彼はそのことを知っていると思うよ。

I think so, too.
私もそう思うよ。

✔ ワンポイント 『〜, too』〜もまた

I think he is telling a lie.
彼は嘘をついていると思うよ。

これも知っておこう！

「〜ではないと思います」と言いたいときは、『I don't think〜』となります。
「〜（think に続く文章）」の方を否定文にしないで、『I think』の方を否定形にして『I don't think』とするのがポイントです。

I don't think so.
そうは思いません。

I don't think it's good.
良くないと思います。

30 I hope 〜
〜だといいね

> **！ 基本フレーズ** 🔊 30
>
> **I hope you like it.**
> 気に入ってもらえるといいのですが。

こんなときに使おう！

プレゼントを渡すときに一言……

基本パターン

『I hope ＋ 主語 ＋ 動詞 』は、「 主語 が〜するといいのだけど」
と、希望を表す表現です。

「 主語 ＝自分」の場合は、『I hope to ＋ 動詞の原形 』でも表現で
きます。

「〜するといいのだけど」と、自分の願望を表すだけではなく、「〜
するといいね」と相手を気遣いたいときにも使えます。

基本パターンで言ってみよう！

I hope you succeed.
成功するといいね。

I hope you get well soon.
早くよくなるといいね。

I hope you enjoy your stay.
滞在を楽しめるといいですね。

I hope you have a good time in Kyoto.
京都で楽しめるといいね。

I hope it doesn't rain tomorrow.
明日雨が降らなきゃいいけど。

I hope you don't mind.
気にされなければいいのですが。

I hope to see you soon.
すぐに会えるといいね。

I hope to pass the exam.
試験に受かるといいんだけど。

I hope so.
そうだといいけど。

> ✔ **ワンポイント** 基本パターンとは異なりますが、相手に言われたことを自分も望んでいるときによく使います。

I used to 〜
前は〜だったよ

！基本フレーズ ◀)) 31

I used to smoke.

前はたばこを吸っていました。

こんなときに使おう！

「タバコを吸いますか？」と聞かれて……

基本パターン

| 主語 | ＋ | used to | ＋ | 動詞の原形 | . |

『 主語 ＋ used to ＋ 動詞の原形 』は、「 主語 は以前、〜だった」
という表現です。

「今は違うけど、前は〜だった」と言いたいときに使う表現です。

どんな主語がきても、『used』は変化しません。

『used』の発音は「[júːst] (ユーストゥ)」となることに注意しましょ
う。

また、『 be動詞 ＋ used to 〜』は、『〜に慣れている』という別の
表現になります。

基本パターンで言ってみよう！

I used to like baseball.
前は野球が好きだったよ。

I used to play tennis.
前はテニスをしていたよ。

I used to live in Yokohama.
前は横浜に住んでいました。

I used to live with my sister.
前は姉(妹)と住んでいたの。

I used to go to an English conversation school.
私は以前、英会話学校に通っていたの。

She used to have long hair.
彼女は、前は髪が長かったよ。

He used to be my boss.
彼は以前、私の上司でした。

We used to have a cat.
私達は前に猫を飼っていたよ。

My husband used to work for a bank.
夫は前に銀行に勤めていたの。

32 Let me 〜
〜させて

基本フレーズ ◀)) 32

Let me help you.
手伝わせて。

こんなときに使おう！

手伝いを申し出るときに……

基本パターン

Let me ＋ 動詞の原形 .

『Let me ＋ 動詞の原形 』は、「〜させてください」と許可を求めたり、提案する表現です。

「〜させてもらえますか？」と相手の意向を聞くというよりは、「〜させて」と一方的なニュアンスがあります。

また、『Let me』の『me』を me 以外の人（him や her など）に変更すると、「人に〜をさせてあげる」という表現になります。

基本パターンで言ってみよう！

Let me introduce myself.
自己紹介させてください。

✔ワンポイント 『introduce oneself』自己紹介する

Let me go.
行かせて。

Let me finish this.
これを終えさせて。

Let me know.
私に知らせて。

Let me tell you.
言わせて。

Let me do it.
やらせて。

Let me call him.
彼に電話させて。

Let me show you around Tokyo.
東京を案内させてください。

✔ワンポイント 『show around』案内する

③③ Thank you for 〜
〜をありがとう

基本フレーズ ◀)) 33

Thank you for **your help.**

手伝ってくれてありがとう。

こんなときに使おう！

手伝ってくれた相手にお礼を言いたいときに……

基本パターン

| Thank you for | + | 名詞 . |
| | | 動詞の原形＋ing . |

『Thank you.』は「ありがとう」ですが、「〜をありがとう」は
『Thank you for〜』となります。

「〜」には、名詞か 動詞の原形＋ing がきますが、物に対してお
礼を言いたいときには名詞、動作に対してお礼を言いたいときには
動詞の原形＋ing となります。

『Thank you for〜』と言われたら、『You're welcome.（どういたしまし
て）』『That's OK.（いいんですよ）』などと答えましょう。

132

基本パターンで言ってみよう！

Thank you for your reply.
返信をありがとう。

Thank you for your advice.
アドバイスをありがとう。

Thank you for your inquiry.
お問い合わせいただき、ありがとうございます。

Thank you for everything.
いろいろとありがとう。

Thank you for the wonderful gift.
素敵なプレゼントをありがとう。

Thank you for your comment.
コメントありがとう。

Thank you very much for giving me good advice.
良いアドバイスをくれて、どうもありがとう。

これも知っておこう！

何かを頼んで、その目的が達成できなかった場合には、『Thank you anyway.（とにかくありがとう）』と言いましょう。
たとえば、「～を探して！」と頼んだけれど見つけてもらえなかったときには、見つからなくても探してもらったお礼を言いますよね。そういうときにピッタリの表現です。

34 I'm sorry 〜
〜してごめんね

！基本フレーズ 　　　　　　　　　　　　◀》34

I'm sorry **I'm late.**
遅れてごめんね。

こんなときに使おう！
- -
待ち合わせ時間に遅れたときに……

基本パターン

| I'm sorry | + | 主語 | + | 動詞 | . |
| | | to | + | 動詞の原形 | . |

『I'm sorry + 主語 + 動詞 』は、「 主語 が〜してごめんね」という表現です。

「 主語 ＝自分」の場合は、『I'm sorry to + 動詞の原形 』でも表現できます。

同じ謝るときでも、人にぶつかったときなどには、『Excuse me.（すみません）』と言います。

『I'm sorry.』と謝られたときには、『That's OK.（いいんですよ）』『No problem.（問題ないよ）』などと言いましょう。

134

基本パターンで言ってみよう！

I'm sorry I couldn't help you.
手伝えなくてごめんなさい。

I'm sorry I can't make it.
都合がつかなくてごめんね。

I'm sorry I couldn't let you know.
お知らせできなくてごめんね。

I'm sorry I didn't tell you.
言わなくてごめんね。

I'm sorry to disturb you.
邪魔してごめんね。

これも知っておこう！

『I'm sorry.』には、「残念です」という意味もあります。

I'm sorry to here that.
それは残念ですね(＝それを聞いて残念です)。

I'm sorry to know about this.
このことを知って残念です。

35 Isn't it 〜 ?
〜じゃない？

こんなときに使おう！

「ブランドのバッグを買いたい」という相手に……

基本パターン

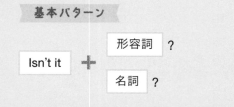

Isn't it ＋ 形容詞 ？ / 名詞 ？

『Isn't it〜?』は、「〜じゃないの？」という表現です。

「〜」には、形容詞か名詞がきます。

『Isn't it〜?』と聞かれて、「そうだよ」と言うときは『Yes, it is.』、「そうじゃないよ」と言うときは『No, it isn't.』と言います。

基本パターンで言ってみよう！

Isn't it dangerous?
危なくないの？

Isn't it funny?
おもしろくない？

Isn't it free?
ただじゃないの？

Isn't it hard?
難しくないの？

Isn't it hot?
暑くない？

Isn't it too late?
遅すぎない？

Isn't it yours?
あなたのじゃないの？

Isn't it your problem?
あなたの問題じゃないの？

Isn't it a fake?
偽物じゃないの？

It's not so 〜
そんなに〜じゃないよ

基本フレーズ　　　　　　　　◀》36

It's not so **easy.**

そんなに簡単じゃないよ。

こんなときに使おう！

難しいことを頼まれて……

基本パターン

| It's not so | ＋ | 形容詞 | ． |

『It's not so ＋ 形容詞 』は、「そんなに〜じゃない」という表現です。

『so』の代わりに『that』を使って、『It's not that ＋ 形容詞 』と言うこともできます。

また、『It』のほかに、人や物事を主語に持ってくることもできます。

基本パターンで言ってみよう！

It's not so hard.
そんなに難しくはないよ。

It's not so expensive.
そんなに高くはないよ。

It's not so far.
そんなに遠くはないよ。

It's not so many.
そんなに多くはないよ。

It's not so funny.
そんなにおもしろくはないよ。

I'm not so hungry.
そんなにおなかはすいていないよ。

It's not so simple.
そんなに簡単なことではないよ。

He is not so mean.
彼はそんなに意地悪じゃないよ。

It's not so strange.
そんなに変じゃないよ。

It's too 〜
〜すぎるよ

基本フレーズ 🔊37

It's too **salty.**
塩辛すぎるよ。

こんなときに使おう！

レストランで料理が塩辛かったときに……

基本パターン

| It is too | ＋ | 形容詞 | . |

『It's too ＋ 形容詞 』は、「〜すぎる」という表現です。

基本パターンで言ってみよう！

It's too **difficult.**
難しすぎるよ。

It's too **much.**
多すぎるよ。

It's too **big.**
大きすぎるよ。

It's too expensive.
高すぎるよ。

It's too oily.
油っぽすぎるよ。

It's too long.
長すぎるよ。

It's too hot today.
今日は暑すぎるよ。

Is it too late?
遅すぎるかな？

これも知っておこう！

『It's too + 形容詞 + to + 動詞の原形 』で、「形容詞 すぎて 動詞できない」という表現になります。

It's too heavy to carry.
重すぎて持てないよ。

I'm too busy to see you.
忙しすぎて君に会えないよ。

38 Don't you 〜 ?
〜しないの？

! 基本フレーズ ◀》38

Don't you **think so?**

そう思わない？

こんなときに使おう！

相手に同意を求めたいときに……

基本パターン

| Don't you | ＋ | 動詞の原形 | ？ |

『Don't you ＋ 動詞の原形 ？』は、「〜しないの？」という表現です。
『Don't you〜?』と聞かれて、「〜するよ」と言うときは『Yes, I
do.』「〜しないよ」と言うときは『No, I don't.』と言います。
日本語と英語では、否定疑問文への「はい」「いいえ」が逆になっ
てしまうことに注意しましょう。

基本パターンで言ってみよう！

Don't you remember?
覚えてないの？

Don't you work part-time?
パートで働いているんじゃないの？

Don't you live in Yokohama?
横浜に住んでいるんじゃないの？

Don't you live with your family?
家族と住んでいるんじゃないの？

Don't you belive me?
私のこと、信じてないの？

Don't you have an umbrella?
傘を持っていないの？

Don't you commute by train?
電車で通勤しているんじゃないの？

✔ ワンポイント 『commute』通勤する

Don't you like Sushi?
お寿司は好きじゃないの？

Don't you like her?
彼女のことが好きじゃないの？

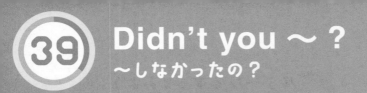

39 Didn't you 〜 ?
〜しなかったの？

!基本フレーズ ◀ッ**39**

Didn't you **know that?**

そのことを知らなかったの？

こんなときに使おう！

相手が知っていると思っていたことを知らないこ
とがわかって……

基本パターン

| Didn't you | **+** | 動詞の原形 | ？ |

『Didn't you ＋ 動詞の原形 ？』は、『Don't you〜？』の過去バージョ
ンで、「〜しなかったの？」という表現です。

『Didn't you〜？』と聞かれて、「〜したよ」と言うときは『Yes, I
did.』、「〜しなかったよ」と言うときは『No, I didn't.』と言います。

基本パターンで言ってみよう！

Didn't you have dinner?
晩ごはんを食べなかったの？

Didn't you see your friend last weekend?
先週末、友達に会わなかったの？

Didn't you go to school yesterday?
昨日学校に行かなかったの？

Didn't you sing any songs at karaoke?
カラオケで1曲も歌わなかったの？

Didn't you complain about that?
そのことで文句を言わなかったの？

Didn't you take any pictures?
写真をとらなかったの？

Didn't you get a free ticket?
ただ券をもらったんじゃなかったの？

Didn't you go out yesterday?
昨日は外出しなかったの？

Why didn't you tell me?
どうして言ってくれなかったの？

40 I am supposed to 〜
〜することになっているよ

！ 基本フレーズ

I am supposed to see her next week.

来週、彼女に会うことになっています。

こんなときに使おう！

人と会う予定があることを言うときに……

基本パターン

| 主語
(I) | + | be 動詞の現在形
(am 〈'm〉) | + | supposed to | + | 動詞の原形
(see) | . |

私	I		am('m)	（　）は省略形
あなた	You		are('re)	
彼／彼女	He／She	+	is('s)	
私達	We		are('re)	
彼ら	They		are('re)	

『 主語 ＋ be動詞の現在形 ＋ supposed to ＋ 動詞の原形 』は、「 主語 が〜することになっている」という表現です。予定や計画を話すときに使います。

be 動詞の現在形（am／are／is）を過去形（was／were）に変えると、41. の「〜するはずだった」という表現になります。

基本パターンで言ってみよう！

He is supposed to take a day off tomorrow.
彼は明日、休みを取ることになっているよ。

✔ワンポイント　『a day off』1日の休み

I am supposed to go to ABC Company the day after tomorrow.
あさって、ABC社に行くことになっています。

I am supposed to call him tomorrow.
明日、彼に電話することになっているよ。

I am supposed to have dinner with her tonight.
今夜、彼女と食事をすることになっているよ

I am supposed to work overtime today.
今日は残業することになっているんだ。

✔ワンポイント　『work overtime』残業する

I'm supposed to change my password next week.
来週、パスワードを変更することになっているよ。

We are supposed to get together at seven.
7時に集まることになっているよ。

✔ワンポイント　『get together』集まる

When are you supposed to go to the dentist?
いつ歯医者に行くことになっているの？

41 I was supposed to ～
～するはずだった

! 基本フレーズ ─────────

I was supposed to see her last week.

先週、彼女に会うはずでした。

こんなときに使おう！
- -
人と会う予定だったのに、会わなかったときに……

基本パターン

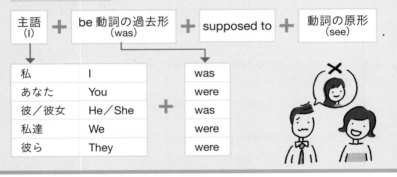

| 主語
(I) | + | be動詞の過去形
(was) | + | supposed to | + | 動詞の原形
(see) |

私	I		was
あなた	You		were
彼／彼女	He／She	+	was
私達	We		were
彼ら	They		were

『 主語 ＋ be動詞の過去形 ＋ supposed to ＋ 動詞の原形 』は、「 主語 が～するはずだった」という表現です。

be動詞の過去形（was／were）を現在形（am／are／is）に変えると、40. の「～することになっている」という表現になります。

基本パターンで言ってみよう！

Tom was supposed to come.
トムが来るはずだったんだけど。

I was supposed to be there at seven.
7時にそちらにいるはずだったんだけど。

I was supposed to go to Yokohama yesterday.
昨日、横浜に行くはずだったの。

She was supposed to take a day off yesterday.
彼女は昨日、休みをとるはずでした。

I was supposed to make a business trip to Osaka last week.
先週、大阪に出張するはずだったんだ。

> ✔ ワンポイント　『make a business trip to 〜』〜に出張する

I was supposed to come here on foot.
ここまで歩いて来るはずでした。

> ✔ ワンポイント　『on foot』徒歩で

We were supposed to have a meeting at two.
2時に打ち合わせをするはずだったのですが。

The goods were supposed to be delivered by 10 o'clock.
商品は10時までに届けられるはずだったのですが。

> ✔ ワンポイント　『by 時間』〜時までに

42 I might 〜
〜かもしれない

> **！ 基本フレーズ**
>
> **I might go with you.**
>
> 君と一緒に行くかもしれないよ。

こんなときに使おう！

「確実ではないけれど、相手に同行するかもしれない」というときに……

基本パターン

| 主語 | ＋ | might | ＋ | 動詞の原形 | . |

『 主語 ＋ might ＋ 動詞の原形 』は、「 主語 は〜かもしれない」
と推測する表現で、確信が持てないときに使います。

『might』の後に『not』をつけて、『 主語 ＋ might ＋ not ＋
動詞の原形 』とすると、「〜しないかもしれない」と否定の意味
を表現できます。

また、『 主語 ＋ might ＋ have ＋ 動詞の過去分詞』とすると、
「 主語 は〜したかもしれない」と過去のことを推測する表現にな
ります。

基本パターンで言ってみよう！

I might go out later.
後で外出するかもしれません。

I might call you tonight.
今晩、君に電話するかもしれないよ。

I might misunderstand.
私が誤解しているかもしれません。

You might know her.
君は彼女を知っているかもしれないよ。

It might rain tomorrow.
明日、雨が降るかもしれない。

It might be true.
本当かもしれないよ。

I might go back to my hometown this winter vacation.
今年の冬休みに、故郷に帰るかもしれないよ。

We might take a trip to France this summer.
今年の夏に、フランスを旅行するかもしれないよ。

We might wait for a while.
しばらく待つかもよ。

✔ワンポイント 『for a while』しばらく

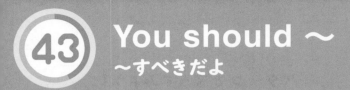

> **！基本フレーズ** ◀)) **43**
>
> **You should call him.**
>
> 彼に電話すべきです。

こんなときに使おう！

「彼に電話した方がいい！」と強く勧めたいときに……

基本パターン

| 主語 | ＋ | should | ＋ | 動詞の原形 | . |

『 主語 ＋ should ＋ 動詞の原形 』は、「 主語 は〜すべきだ」という表現です。

人に何かを強く勧めるときや、アドバイスをするときに使います。

『should』には、「すべき」と次の44.の「はず」の2通りの意味がありますので、会話の前後の文脈で、「すべき」か「はず」かを判断しましょう。

基本パターンで言ってみよう！

You should try this.
これを試すべきだよ。

You should ask her.
彼女に聞くべきだよ。

You should find a new job.
新しい仕事を見つけるべきだよ。

You should go to bed early tonight.
今夜は早く寝るべきだよ。

✔ワンポイント 『go to bed』寝る

You should quit smoking.
タバコをやめるべきだよ。

You should talk to your boss.
上司に話すべきだよ。

You should apologize to him.
彼に謝るべきだよ。

You should take medicine.
薬を飲んだ方がいいよ。

✔ワンポイント 『take medicine』薬を飲む

You should stay home.
家にいた方がいいよ。

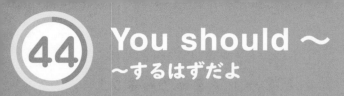

You should 〜
〜するはずだよ

! 基本フレーズ ━━━━━━━━━━━━━━ ◀)) 44

He should come to the party.

彼はパーティに来るはずだよ。

こんなときに使おう！
・・・
パーティに来ると聞かされている人の出欠を聞かれたときに……

基本パターン

| 主語 | ＋ | should | ＋ | 動詞の原形 | . |

---

43. と 同 じ パ ターン『 主語 ＋ should ＋ 動詞の原形 』 は、
「 主語 は〜なはずだ」という表現です。『should』には、43. の「す
べき」と「はず」の2通りの意味がありますので、会話の前後の文
脈で、「すべき」か「はず」かを判断しましょう。

基本パターンで言ってみよう！

She should be back soon.
彼女はすぐに戻るはずです。

He should be here in ten minutes.
彼は10分で来るはずだよ。

They should come here.
彼らはここに来るはずだよ。

He should back up this file.
彼がこのファイルのバックアップをとっているはずだよ。

You should get promoted.
君は昇進するはずだよ。

✔ ワンポイント 『get promoted（be promoted）』昇進する

Your offer should be accepted.
あなたの提案は受け入れられるはずです。

It should be expensive.
それは高いはずだよ。

Everything should be OK.
すべてうまくいくはずです。

You should like this gift.
このプレゼントを気に入ってもらえるはずだよ。

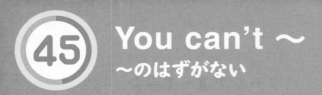

45 You can't 〜
〜のはずがない

You can't buy this.

君がこれを買うはずがないよ。

こんなときに使おう！
────────────────────────────
相手が、買うとは思えないものを「買う」というときに……

基本パターン

| 主語 | ＋ | can't | ＋ | 動詞の原形 | . |

『 主語 ＋ can't ＋ 動詞の原形 』は、「 主語 は〜のはずがない」という表現です。

『can't』には「〜できない」という意味もありますので、文脈からどちらの意味なのかを判断しましょう。

基本パターンで言ってみよう！

It can't be true.
本当のはずがないよ。

You can't be exhausted.
君が疲れているはずがないよ。

He can't know my name.
彼が私の名前を知っているはずがないよ。

She can't know me.
彼女が私を知っているはずがないわ。

He can't have a dog.
彼が犬を飼っているはずがないよ。

It can't be easy.
それが簡単なはずがないよ。

I can't go out with her.
僕が彼女と付き合うはずがないよ。

> ✔ワンポイント　『go out with 〜』〜と付き合う

You can't miss the last train.
終電を逃すはずがないよ。

You can't be serious.
本気で言っているの？

46 You must ～
～に違いない

> **！ 基本フレーズ**
>
> **You must be hungry.**
>
> おなかがすいているに違いないね。

こんなときに使おう！

昼食を食べていないという相手に……

基本パターン

| 主語 | ＋ | must | ＋ | 動詞の原形 | . |

『 主語 ＋ must ＋ 動詞の原形 』は、「 主語 は～ に違いない」
「 主語 は～でしょうね」と、推測する表現です。

『must』には、「～に違いない」と「～しなければならない」の2通
りの意味がありますので、会話の前後の文脈で、「～に違いない」
か「～しなければならない」かを判断しましょう。

基本パターンで言ってみよう！

He must be tired.
彼は疲れているに違いないよ。

It must be wrong.
間違っているに違いない。

You must be busy.
忙しいでしょうね。

You must be sleepy.
眠いでしょうね。

You must be excited.
楽しみでしょうね。

> ✔ ワンポイント　『excited』と『exciting』は間違いやすいので注意が必要です。
> 主語が人の場合は『excited』、物の場合は『exciting』となることが多いです。

She must be bored.
彼女は退屈しているに違いないよ。

He must know the truth.
彼は本当のことを知っているに違いないよ。

She must go out.
彼女は外出しているに違いないよ。

She must be happy.
彼女は幸せでしょうね。

Please 〜
〜してください

基本フレーズ ◀)) 47

Please come again.

またお越しください。

こんなときに使おう！

お店に来たお客さんが帰るときに……

基本パターン

| Please | ＋ | 動詞の原形 | . |

| 動詞の原形 | , | please | . |

『Please ＋ 動詞の原形 』は、「〜してください」という表現です。

最初ではなく、最後に『, please』をつけることもできます。

基本パターンで言ってみよう！

Please call me Maki.
マキと呼んでください。

Please show me the picture.
その写真を見せてください。

Please open the window.
窓を開けてください。

Please let me know.
知らせてください。

Please call me anytime.
いつでも電話してください。

Please email me sometimes.
ときどきメールをください。

Please tell me more about it.
もっとそれについて教えてください。

Hold on, please.
(電話で)お待ちください。

これも知っておこう！

『 名詞 , please.』で、「〜をお願いします」という表現になります。

Check, please.
お勘定をお願いします。

Small size, please.
Ｓサイズをお願いします。

This way, please.
どうぞ、こちらです。

48 Don't ～
～しないで

基本フレーズ 48

Don't tell anybody.

誰にも言わないで。

こんなときに使おう！

内緒の話をするときに……

基本パターン

Don't ＋ 動詞の原形 .

『Don't ＋ 動詞の原形 』は、「～しないで」という表現です。
否定の命令形ではありますが、実際には命令するようなニュアンスではなく、提案やアドバイスのようなニュアンスで使われていることもよくあります。
『Don't』の前に『Please』をつけて、「～しないでください」と言うこともできます。

基本パターンで言ってみよう！

Don't worry about it.
そのことは心配しないで。

Don't touch it.
それに触らないでね。

Don't cry.
泣かないで。

Don't be late.
遅れないで。

Don't be shy.
恥ずかしがらないで。

Don't be serious.
真剣にならないで。

Don't mention it.
そのことには触れないで。

Don't think too much.
あまり考えすぎないでね。

Don't waste your time.
時間を無駄にしないでね。

Please don't apologize.
謝らないでください。

Is it OK if 〜 ?

〜してもいい？

！基本フレーズ

Is it OK if **I sit here?**

ここに座ってもいいですか？

こんなときに使おう！

映画館やカフェなどで隣の席に座りたいときに……

基本パターン

| Is it OK if | ＋ | 主語 | ＋ | 動詞 | ？ |

『Is it OK if ＋ 主語 ＋ 動詞 ?』は、「〜してもいい？」「〜しても大丈夫？」と、許可を求める表現です。

『Is it OK if 〜?』と聞かれて、OK のときには『Sure.（もちろん）』や『Yes, please.（ええ、どうぞ）』などと答えます。

またダメなときには、『I'm afraid not.（申し訳ありませんが、ご遠慮ください）』などと答えます。

もっと丁寧に言いたいときには、『May I 〜?（〜してもいいですか？）』『Could I 〜?（〜してもいいですか？）』を使います。

基本パターンで言ってみよう！

Is it OK if I take a few days off next month?
来月、2〜3日休みをとってもいいですか？

Is it OK if I borrow this book?
この本を借りてもいい？

Is it OK if I use this pen?
このペンを使ってもいいですか？

Is it OK if I drink beer?
ビールを飲んでもいい？

Is it OK if I order this?
これを注文してもいい？

Is it OK if I change our appointment?
約束を変更してもいいですか？

Is it OK if I ask you a favor?
お願いしてもいい？

Is it OK if I eat here?
こちらで食べてもいいですか？

Is it OK if I take a break?
休憩してもいいですか？

50 May I 〜 ?
〜してもいいですか？

基本フレーズ ◀)50

May I try this on?

試着してもいいですか？

こんなときに使おう！

洋服を試着したいときに、店員に……

基本パターン

| May I | ✛ | 動詞の原形 | ？ |

『May I ＋ 動詞の原形 ?』は、「〜してもいいですか？」と、許可を求める表現です。

最後に『, please』をつけるとより丁寧になります。

『May I〜?』と聞かれて、OK のときには『Of course.（もちろん）』『Certainly.（もちろん）』『Sure.（もちろん）』『Yes, you may.（ええ、いいですよ）』などと答えます。

またダメなときには、『No, you may not.（ご遠慮ください）』『I'm afraid you can't.（申し訳ありませんが、できません）』などと答えます。

基本パターンで言ってみよう！

May I sit here?
ここに座ってもいいですか？

May I go with you?
一緒に行ってもいいですか？

May I introduce myself?
自己紹介をしてもいいですか？

May I speak to Tracy?
（電話の最初で）トレイシーさんをお願いします。

May I open the window?
窓を開けてもいいですか？

May I ask you a favor?
お願いしてもいいですか？

May I come in?
入ってもいいですか？

May I use your phone?
電話をお借りしてもいいですか？

> ✔ ワンポイント 電話を借りるときには、『borrow』ではなく、『use』を使います。

May I have your name, please?
お名前を伺ってもよろしいですか？

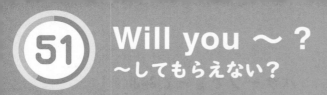

51 Will you ～ ?
～してもらえない？

基本フレーズ ◀)) 51

Will you help me?

助けてもらえない？

こんなときに使おう！
- -
会社で同僚に仕事を手伝ってもらいたいときに……

基本パターン

| Will you | ＋ | 動詞の原形 | ？ |

『Will you ＋ 動詞の原形 ?』は、「～してもらえない？」という表現です。

『Will you ～?』と聞かれて、OK のときには『Certainly.（ええ、もちろんいいですよ）』『Sure.（もちろん）』『OK.（いいよ）』などと答えます。またダメなときには、『I'm afraid I can't.（申し訳ありませんが、できません）』などと答えます。

丁寧に言いたいときには、『Would you ～?（～していただけませんか?)』『Could you ～?（～していただけませんか?)』などと言います。

基本パターンで言ってみよう！

Will you pass me the salt?
お塩をとってもらえない？

> ✔ ワンポイント 『Here you are.（はい、どうぞ）』と言いながら渡してあげましょう。

Will you go there instead of me?
私の代わりにそこに行ってもらえない？

> ✔ ワンポイント 『instead of ～』 ～の代わりに

Will you give me a ride?
乗せてもらえない？

Will you ask her?
彼女に頼んでもらえない？

Will you send me the picture?
その写真を送ってもらえない？

Will you show me how to use this?
これの使い方を教えてもらえない？

Will you open the window?
窓を開けてもらえない？

Will you email me later?
後でメールしてもらえない？

基本フレーズ 　🔊52

Could you speak more slowly?

もう少しゆっくり話していただけませんか？

こんなときに使おう！

電話で相手に早口で話されたときに……

基本パターン

| Could you | ＋ | 動詞の原形 | ？ |

『Could you ＋ 動詞の原形 ?』は、「〜していただけませんか」と丁寧に依頼する表現です。

『Could you 〜?』と聞かれて、OK のときには『Certainly.（ええ、もちろんいいですよ）』『Sure.（もちろん）』『OK.（いいよ）』などと答えます。またダメなときには、『I'm afraid I can't.（申し訳ありませんが、できません）』などと答えます。

『Could you 〜?』とほぼ同様の意味で、『Would you 〜?』も使われていますが、厳密には『Could you 〜?』の方が『Would you 〜?』よりも丁寧です。

基本パターンで言ってみよう！

Could you speak loudly?
大きな声で話していただけませんか？

Could you repeat that again?
もう一度言っていただけませんか？

Could you help me?
助けていただけませんか？

Could you hold on a second?
（電話で）少々お待ちいただけますか？

Could you give me a discount?
値引きしていただけませんか？

Could you tell me how to get to the airport?
空港への行き方を教えていただけませんか？

これも知っておこう！

『Could you ~?』を『Could I ／ we ~?』とすると、許可を求める表現になります。

Could I have your name?
お名前を伺えますか？

Could we have more bread?
パンのおかわりをいただけますか？

53 I need 〜
〜が必要です

基本フレーズ 　　　　　　　　　　　　🔊 53

I need your advice.

あなたのアドバイスが必要です。

こんなときに使おう！
- -
相談した相手に……

基本パターン

I/You/We/They He/She	**＋**	need needs	**＋**	名詞 .
				to ＋ 動詞の原形 .

『 主語 ＋ need 〜』は、「 主語 は〜が必要だ」という表現です。
「〜」が物の場合は名詞、動作の場合は『to ＋ 動詞の原形 』がき
ます。

172

基本パターンで言ってみよう！

I need your help.
君の助けが必要なんだ。

I need a bag.
袋が必要です。

I need your approval.
あなたの承認が必要です。

We need some more money.
もう少しお金が必要なんだ。

You need a new computer.
新しいコンピュータが必要だね。

She needs some rest.
彼女には休息が必要です。

Do I need a reservation?
予約は必要ですか？

Do you need my phone number?
私の電話番号は必要ですか？

I need to go to the library.
私は図書館に行かなきゃいけないの。

I need to get home by 7 o'clock.
7時までに家に帰らなきゃいけないの。

54 What kind of 〜 ?
どんな〜？

基本フレーズ 　　　　　　　　　　　　　　　　◀))54

What kind of food is this?

これはどんな食べ物ですか？

こんなときに使おう！

食べたことがない食べ物を出されたときに……

基本パターン

| What kind of | ＋ | 名詞 | ＋ | 疑問文 | ? |

『What kind of ＋ 名詞 〜?』は、「どんな〜？」と尋ねる表現です。

「〜」には、疑問文（do you 〜, did you 〜, is it など）がきます。

ジャンルを尋ねたり、種類を尋ねたりするときによく使います。

基本パターンで言ってみよう！

What kind of dressing do you have?
どんなドレッシングがありますか？

What kind of shoes do you want?
どんな靴がほしいの？

What kind of person is she?
彼女はどんな人なの？

What kind of song do you like?
どんな歌が好き？

What kind of book are you looking for?
どんな本を探しているの？

What kind of movie do you want to see?
どんな映画を見たい？

What kind of movie was it?
どんな映画だった？

What kind of restaurant did you go to?
どんなレストランに行ったの？

What kind of cat do you have?
どんな猫を飼っているの？

What kind of job are you looking for?
どんな仕事を探しているの？

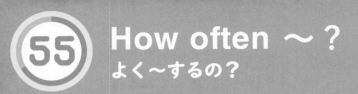

55 How often 〜 ?
よく〜するの？

基本フレーズ 🔊 55

How often do you eat out?

よく外食するの？

こんなときに使おう！

「昨日もおとといも外食した」という相手に……

基本パターン

| How often | ＋ | 疑問文 | ？ |

『How often 〜?』は、「よく〜するの？」「どのくらいの頻度で〜するの？」と、頻度を尋ねる表現です。

「〜」には、疑問文（do you 〜, did you 〜など）がきます。

基本パターンで言ってみよう！

How often do you go to the movies?
よく映画に行くの？

How often do you work out?
よくトレーニングするの？

176

How often do you take a business trip?
よく出張に行くの？

How often do you drink?
よく飲むの？

How often do you eat out a month?
1ヵ月にどのくらい外食しますか？

How often do you see your girlfriend?
よく彼女に会うの？

How often do you have a chance to speak English?
どれくらい英語で話す機会がありますか？

これも知っておこう！　頻度を表す単語・表現

頻度を表す単語や表現も覚えましょう。
次のものは、文の最後につけます。

once　一度	every other day　一日おきに
twice　二度	every week　毎週
three times　三度	every other week　隔週で
once a week　週に一度	every month 毎月
twice a month　月に二度	every other month　隔月で
every day　毎日	every 曜日　毎週〜曜日
	every other　曜日　隔週の〜曜日

次のものは、動詞が be 動詞の場合は be 動詞の後に、動詞が一般
動詞の場合は主語と動詞の間につけます。

always　いつも	sometimes　時々
usually　たいてい	never　一度も〜ない
often　よく	

That sounds 〜
〜そうだね

基本フレーズ ━━━━━━━━━━━ 🔊 56

That sounds interesting.

おもしろそうだね。

こんなときに使おう！
━━━━━━━━━━━━━━━━━━━
相手が読んでいる本の話を聞いて……

基本パターン

| That sounds | ＋ | 形容詞 | . |

『That sounds ＋ 形容詞 』は「〜そうだね」という表現です。

相手の話を聞いて感じたことを言うときに使います。

カジュアルな場面では、『that』を省略して『Sounds〜』と話されていることがよくあります。

基本パターンで言ってみよう！

That sounds **difficult.**
むずかしそうだね。

That sounds **boring.**
つまらなそうだね。

That sounds **fun.**
楽しそうだね。

That sounds **good.**
良さそうだね。

That sounds **expensive.**
高そうだね。

That sounds **reasonable.**
理にかなっているようだね。

That sounds **severe.**
厳しそうだね。

That sounds **strange.**
変わっていそうだね。

That sounds **complicated.**
複雑そうだね。

That sounds **serious.**
大変そうだね。

57 It depends on 〜
〜によるよ

！基本フレーズ ◀》57

It depends on **the price.**

値段によるよ。

こんなときに使おう！

店員に商品を買うかどうか聞かれて……

基本パターン

| It depends on | ＋ | 名詞 | . |

『It depends on ＋ 名詞 』は、「〜による」「〜次第だ」という表現で、物事が何かに左右されるときに使います。

名詞 部分には、通常物事がきますが、人がくる場合もあります。人がくる場合、たとえば「あなた次第です」という日本語に対して、『It depends on you.』の他にも『It's up to you.』という表現があります。

2つの違いは、決定権がどちらにあるかです。前者は、「私」に決定権があるけれど、「あなた」次第で結果が変わる場合に使い、後者は決定権を「あなた」に委ねるときに使います。

基本パターンで言ってみよう！

It depends on you.
あなた次第だよ。

It depends on the situation.
状況によるよ。

It depends on the weather.
天候によるよ。

It depends on the condition.
条件によるよ。

It depends on the person.
人によるよ。

It depends on his answer.
彼の答えによるよ。

It depends on her schedule.
彼女の都合によるよ。

It depends on the result.
結果によるよ。

It depends on the place.
場所によるよ。

It depends on the weight.
重さによるよ。

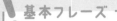

基本フレーズ　　　　　　　　　　　◀)58

Do you mean **this is better?**

こっちの方がいいってこと？

こんなときに使おう！

店員の説明に対して確認したいときに……

基本パターン

| Do you mean | ＋ | 主語 ＋ 動詞 ? |
| | | 名詞 ? |

『Do you mean 〜?』は、相手が言ったことを確認する表現です。

「〜」には、 主語 ＋ 動詞 の文章や名詞がきます。

『Do you mean 〜?』と聞かれたら、『Yes.（そうです）』や、『No, I don't mean it.（いいえ、そういうことではありません）』などと答えます。

基本パターンで言ってみよう！

Do you mean she is right?
彼女が正しいってこと？

Do you mean you broke up with her?
彼女と別れたってこと？

✔ ワンポイント 『break up with 〜』〜と別れる

Do you mean you are going back to New York?
ニューヨークに帰っちゃうってこと？

Do you mean you want to work in Japan?
日本で働きたいってこと？

Do you mean she made it?
彼女がやったってこと？

✔ ワンポイント 『make it』成功する（他にも「都合がつく」という意味もあります）

Do you mean "OK"?
「OK」ってこと？

What do you mean?
どういう意味ですか？

What do you mean by that?
それはどういう意味ですか？

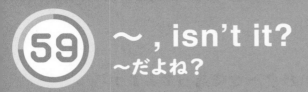

59 ～ , isn't it?
～だよね？

It's very hot today, isn't it?

今日はすごく暑いよね？

こんなときに使おう！

「～だよね?」と相手にも同意を求めるときに……

基本パターン

肯定	否定
It is ～	, isn't it?
You are ～	, aren't you?
He/She is ～	, isn't he/she?
You do ～	, don't you?
He/She does ～	, doesn't he/she?
You did ～	, didn't you?

『It is ～, isn't it?』は、「～だよね？」と自分の感じていることや思っていることに対して、相手の同意を求める表現です。

『isn't it?』の部分は、その前にどんな主語と動詞（現在、過去などの時制も関係します）がくるかによって変わります。

『It is ～, isn't it?』と言われて、「そうだね」と言うときは『Yes, it is.』、「そんなことないよ」と言うときは『No, it isn't.』と言います。

否定		肯定	
It isn't ～ You aren't ～ He ／ She isn't You don't ～ He ／ She doesn't ～ You didn't ～	**＋**	, is it? , are you? , is he ／ she? , do you? , does he ／ she? , did you?	**?**

 基本パターンで言ってみよう！

It's windy, isn't it?
風が強いよね？

It was cold yesterday, wasn't it?
昨日は寒かったよね？

Your daughter lives in Osaka, doesn't she?
娘さんは大阪に住んでいるんだよね？

She is very friendly, isn't she?
彼女はとてもフレンドリーだよね？

He broke up with his girlfriend, didn't he?
彼、彼女と別れたんだよね？

It isn't so cold today, is it?
今日はそんなに寒くないよね？

You don't like him, do you?
彼のこと、好きじゃないでしょ？

What is ～ like?
～はどんな感じ？

What is your husband like?

旦那さんはどんな感じ？

こんなときに使おう！

旦那さんがどんな人なのかを聞きたいときに……

基本パターン

| What is | ＋ | 名詞 | ＋ | like | ？ |

『What ＋ is ＋ 名詞 ＋ like?』は、「〜はどんな感じ？」という表現
です。「〜はどんな感じだった？」と過去のことを聞きたいときに
は、『is』を『was』に変えます。人や物の外見や様子を聞くときに
使います。

基本パターンで言ってみよう！

What is she like?
彼女はどんな感じ？

What is your boss like?
上司はどんな感じ？

What is your boyfriend like?
彼氏はどんな感じ？

What is his new song like?
彼の新曲はどんな感じ？

What is it like?
それはどんな感じ？

What is your car like?
君の車はどんな感じ？

What is your father like?
君のお父さんはどんな感じ？

What is tomorrow's weather like?
明日の天気はどんな感じ？

What was the concert like?
コンサートはどうだった？

What was her wedding like?
彼女の結婚式はどうだった？

Good luck with ～ !
～頑張って！

Good luck with your work!

仕事、頑張ってね！

こんなときに使おう！

仕事をしている人に対して、別れ際に……

基本パターン

| Good luck with（on） | + | 名詞 | ! |

『Good luck with + 名詞 !』は、「～を頑張って！」という表現です。

『Good luck!』は、「幸運を祈ります」という意味ですが、日本語の「頑張って！」にぴったりです。

『Good luck with ～!』の代わりに『Good luck on ～!』も使われています。

基本パターンで言ってみよう！

Good luck with your presentation!
プレゼンテーション、頑張ってね！

Good luck with your exam!
試験、頑張ってね！

Good luck with your job interview!
面接、頑張ってね！

Good luck with your new job!
新しい仕事、頑張ってね！

Good luck with your business!
商談、頑張ってね！

Good luck with your game!
試合、頑張ってね！

Good luck with your date!
デート、頑張ってね！

Good luck with the project!
プロジェクト、頑張ってね！

Good luck with your training!
トレーニング、頑張ってね！

62 Congratulations on ～！
～おめでとう！

Congratulations on **your wedding!**
結婚おめでとう！

こんなときに使おう！

結婚する相手に祝福の言葉を言いたいときに……

基本パターン

| Congratulations on | ＋ | 名詞 | ！ |

『Congratulations on ＋ 名詞 ！』 または 『Congratulations on ＋ 動詞の原形 ＋ ing ！』は、「～おめでとう！」という表現です。

『Congratulations!（おめでとう!）』だけでも使えます。

最後の『s』を忘れないようにしましょう。

また、友人同士のカジュアルな場面では、『Congrats!（発音は [kəngrǽts] コングラッツ）』も使われています。

基本パターンで言ってみよう！

Congratulations on your promotion!
昇進おめでとう！

Congratulations on your engagement!
婚約おめでとう！

Congratulations on your newborn baby!
出産おめでとう！

Congratulations on your success!
成功おめでとう！

Congratulations on your graduation!
卒業おめでとう！

Congratulations on passing the exam.
試験合格おめでとう！

これも知っておこう！

『Happy 〜』で「〜おめでとう」を表す場合もあります。
季節の行事などには、『Happy 〜』を使います。

Happy birthday!
誕生日おめでとう！

Happy Anniversary!
記念日おめでとう！

63 Just in case
念のために

🔊 63

I'll take an umbrella just in case.

念のために、傘を持っていこう。

こんなときに使おう！

雨は降らないと言っているけれど、一応傘を持って
いくというときに……

基本パターン

| 主語 | ＋ | 動詞 | ＋ | just in case |

『Just in case』は、「念のために」という表現です。

『Just in case.』だけでも使えますが、文章の最後につけて使います。

基本パターンで言ってみよう！

Just in case.
念のために。

I'll tell you my cell phone number just in case.
念のために、私の携帯番号を教えるね。

You had better make a reservation just in case.
念のために、予約を取っておいた方がいいよ。

> ✔ワンポイント 『had better 〜』〜した方がいい（〜には動詞の原形がきます）

I'll let her know just in case.
念のために、彼女に知らせるよ。

I'll buy some tomatoes just in case.
念のために、トマトを買っておくわ。

これも知っておこう！

『in case ＋主語 ＋動詞』で「〜したときのために」となります。
『in case』に続く動詞は、未来のことであっても『will ＋動詞の原形』
とはならないので、注意しましょう。

I'll take an umbrella in case **it rains.**
雨が降ってきたときのために、傘を持っていくよ。

Please let her know in case **she doesn't know.**
彼女が知らないかもしれないから、知らせてあげて！

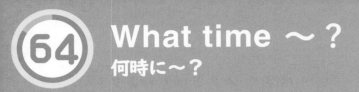

(64) What time 〜 ?
何時に〜？

What time **is it now?**
今、何時ですか？

こんなときに使おう！

何時なのか、時間を知りたいときに……

基本パターン

| What time | **+** | 疑問文 | ? |

『What time 〜?』は、「何時に〜？」という表現です。

「〜」には、疑問文（do you 〜, did you 〜など）がきます。

『What time is it?』と聞かれたら、『It's（about）one o'clock.（1時［頃］です）』などと答えます。

「〜時に…します」というように、時間とともに動作を伝えたいときには、『 主語 ＋動詞＋ at ＋時間』となります（例：I usually get up at 6:30）。

基本パターンで言ってみよう！

What time is your flight?
何時の飛行機ですか？

What time do you usually get up?
普段、何時に起きてるの？

What time do you start to work?
何時に始業ですか？

What time do you get home?
何時に家に着きますか？

What time do you go to bed?
何時に寝るの？

What time do you want to see me?
何時に会いたい？

What time are you going to leave?
何時に出かけるつもり？

What time did you eat lunch?
何時にお昼を食べたの？

What time will he be back?
彼は何時に戻りますか？

【時刻の表し方】

9:00
nine o'clock
（o'clockには「ちょうど」という
ニュアンスがあります）

9:05
five after nine

9:15
a quarter after nine

9:30
nine thirty ／ half past nine

9:45
nine forty-five ／
a quarter to ten
（10時15分前）

9:50
ten to ten

【いろいろな時刻の表現のしかた】

9時です。
It's nine.

午前9時です。
It's 9 a.m.

9時ちょうどです。
It's nine o'clock.

だいたい9時です。
It's about nine.

もうすぐ9時です。
It's almost nine.

9時ちょっと前です。
It's a little before nine.

9時ちょっと過ぎです。
It's a little past nine.

正午です。
It's noon.

午前0時です。
It's twelve midnight.

65 I try to 〜
〜するようにしているよ

I try to get up early.

早起きするようにしています。

こんなときに使おう！

「何か心がけていることはある？」と聞かれて……

基本パターン

| I try to | ＋ | 動詞の原形 | . |

『I try to 〜』は、「〜するようにしている」「〜しようとしている」
という表現です。

心がけていることなどを話すときに使います。

「〜しないようにしている」は、『try not to 〜』となります。

『not』の位置に注意しましょう。

基本パターンで言ってみよう！

I try to sleep well.
よく眠るようにしています。

I try to save money.
節約するようにしています。

I try to do my best.
最善をつくすようにしています。

> ✔ワンポイント 『do one's best ～』最善をつくす

I try to express my opinion.
自分の意見を言うようにしています。

I try to eat a lot of vegetables.
野菜をたくさん食べるようにしています。

I try to study English every day.
毎日英語を勉強するようにしています。

I try not to eat too much.
食べ過ぎないようにしています。

I try not to waste money.
無駄遣いしないようにしているよ。

66 I'm thinking about 〜 ing
しようと思っているよ

> **！基本フレーズ** ◀))66
>
> **I'm thinking about going to Italy.**
>
> イタリアに行こうと思っているの。

こんなときに使おう！

夏休みの計画を話すときに……

基本パターン

I'm thinking about	＋	動詞の原形＋ing

『I'm thinking about + 動詞の原形＋ing 』は、「〜しようと思っている」という表現です。

今しようと思っていることや考えていることを話すときに使います。

基本パターンで言ってみよう！

I'm thinking about moving to Tokyo.
東京に引っ越そうと思っているの。

I'm thinking about buying a new bag.
新しい鞄を買おうと思っているの。

I'm thinking about getting married.
結婚しようと思っているの。

✔ ワンポイント 『get married』結婚する

I'm thinking about taking a long vacation.
長期休暇を取ろうと思っているんだ。

I'm thinking about going out tonight.
今夜、出かけようと思っているの。

I'm thinking about starting a business.
起業しようと思っているの。

✔ ワンポイント 『start a business』起業する

I'm thinking about eating out tonight.
今夜は外食しようと思っているよ。

We're thinking about going to the movies.
僕達は映画に行こうと思っているんだ。

67 I'm looking forward to 〜
〜を楽しみにしているよ

I'm looking forward to seeing you.

会えるのを楽しみにしているね。

こんなときに使おう！

会う約束をした相手に……

基本パターン

I'm looking forward to ＋ 名詞 ．

動詞の原形＋ing ．

『I'm looking forward to ＋ 名詞 』または『I'm looking forward to ＋ 動詞の原形＋ing 』は、「〜を楽しみにしている」という表現です。楽しみにしていることが物事のときには名詞、動作のときには 動詞の原形＋ing となります。

基本パターンで言ってみよう！

I'm looking forward to your reply.
返事を楽しみにしてるね。

I'm looking forward to next Sunday.
来週の日曜日を楽しみにしているよ。

I'm looking forward to your wedding.
君の結婚式を楽しみにしているよ。

I'm looking forward to dinner this weekend.
今週末のディナーを楽しみにしているよ。

I'm looking forward to meeting a new teacher.
新しい先生に会えるのを楽しみにしています。

I'm looking forward to visiting my friend.
友達を訪ねるのを楽しみにしているの。

I'm looking forward to going to London.
ロンドンに行くのを楽しみにしているの。

I'm looking forward to watching a baseball game.
野球の試合を見るのを楽しみにしています。

基本フレーズ 🔊 68

I have trouble with my computer.

コンピュータで困っているの。

こんなときに使おう！

コンピュータの調子が悪いときに……

基本パターン

| I have trouble with | ＋ | 名詞 | . |

『I have trouble with 〜』は、「〜で困っている」という表現です。

何かに困っているときに使います。

「〜」には、名詞がきます。

基本パターンで言ってみよう！

I have trouble with school.
学校のことで困っているの。

I have trouble with work.
仕事のことで困っているの。

I have trouble with English.
英語で困っているの。

I have trouble with money.
お金で困っているんだ。

I have trouble with my girlfriend.
彼女のことで困ってるんだ。

I have trouble with my family.
家族のことで困っているの。

I have trouble with my right eye.
右目の調子が悪くて困っているの。

I have trouble with the Internet connection.
ネット接続で困っているの。

He has trouble with his debts.
彼は借金で困っているよ。

69 because + 主語 + 動詞
〜だから

🔊69

基本フレーズ

I'll stay home because I'm tired.

疲れたから家にいるよ。

こんなときに使おう！

「出かけない?」と誘われて、家にいたいときに……

基本パターン

| 文章 | ＋ | because | ＋ | 主語 | ＋ | 動詞 | . |

『… because + 主語 + 動詞 』は、「 主語 が 動詞 だから、…」
と、理由を表す表現です。

基本 **パターンで言ってみよう！**

I'll talk to you later because I don't have time now.
今は時間がないから、後で話すよ。

I can't drive because I don't have a driver's license.
運転免許がないから、運転できないよ。

✔ ワンポイント 『driver's license』運転免許

I might be late because I'm waiting for his call.
彼からの電話を待っているから、遅れるかもしれないよ。

I can't buy those shoes because I don't have enough money.
お金が足りないから、この靴は買えないよ。

I like her because she is very kind.
彼女はすごく親切だから、好きだよ。

Let's go out because it is fine.
天気がいいから、出かけよう。

We don't like him because he is very selfish.
彼はすごくわがままだから、僕たちは彼のことが嫌いなんだ。

Could you close the door because it's too noisy outside.
外がうるさいので、ドアを閉めていただけますか？

When ～
～のとき

基本フレーズ 🔊 **70**

When **I got up, it wasn't raining.**

朝起きたときには、雨は降っていなかったよ。

こんなときに使おう！

「雨が降ってきたよ」という相手に……

基本パターン

| When | ＋ | 主語 | ＋ | 動詞 | , | 文章 | . |

| 文章 | ＋ | when | ＋ | 主語 | ＋ | 動詞 | . |

『When + 主語 + 動詞 , …』は、「 主語 が～するとき、…」という表現です。

「 主語 が～するとき、…」と言う場合には、『 When + 主語 + 動詞 , …』でも『… when + 主語 + 動詞 』でもどちらでも OK です。

基本パターンで言ってみよう！

When I was a child, I wanted to be a singer.
子どもの頃、歌手になりたかったの。

When I left home, it was raining.
家を出たとき、雨が降っていました。

When I saw her, she had a bad cold.
彼女に会ったとき、ひどい風邪をひいていたよ。

When you called him, was he fine?
君が彼に電話したとき、彼は元気だった？

When I was a child, I hated green peppers.
子どもの頃、ピーマンが大嫌いでした。

✔ワンポイント 『hate』大嫌い ⟷ 『love』大好き

When you come to Japan, please let me know.
日本に来るときには、知らせてください。

When you drive at night, you should be careful.
夜運転するときは、気をつけた方がいいよ。

Let me know when you find out your schedule.
予定がわかったら教えてね。

How old were you when you got married?
結婚したとき、何歳だった？

71 if + 主語 + 動詞
もし～だったら

！基本フレーズ ◀)) 71

If you have time, let's have lunch!

もし時間があったら、お昼を食べよう！

こんなときに使おう！

相手を昼食に誘いたいときに……

基本パターン

| If | ＋ | 主語 | ＋ | 動詞 | , | 文章 | . |

| 文章 | ＋ | if | ＋ | 主語 | ＋ | 動詞 | . |

『If + 主語 + 動詞 , …』は、「もし 主語 が～したら、…」という
表現です。

「…」には、文章がきます。

70.『when』と同様、「もし 主語 が～したら、…」と言う場合
には、『If + 主語 + 動詞 , …』でも『…if + 主語 + 動詞 』
でもどちらでも OK です。

基本パターンで言ってみよう!

If it rains tomorrow, I'll stay home.
もし明日雨が降ったら、家にいるよ。

If you have any questions, please let me know.
質問があったら、ご連絡ください。

If you fail the exam, you can't graduate.
もし試験に失敗したら、卒業できないよ。

If you are free next Saturday, why don't we go to the hair salon?
もし来週の土曜日暇だったら、美容院に行かない?

You can try this on if you like.
よろしければ、試着できますよ。

If you go there, you can meet him.
あそこに行けば、彼に会えるよ。

If I finish my homework today, I'll go out with you tomorrow.
もし今日宿題が終わったら、明日君と出かけるよ。

Please share if you like it.
もし気に入ったら、シェアしてね。

72 ～ be動詞 + 比較級 + than...
～の方が…だ

！基本フレーズ

I am taller than you.

僕は君より背が高いよ。

こんなときに使おう！

「どちらが背が高いか」という相手に……

基本パターン

| A（名詞） | ＋ | be動詞 | ＋ | 比較級 | ＋ | than | ＋ | B（名詞） | . |

『A ＋ be動詞 ＋ 比較級 ＋ than ＋ B』は、「A は B より～だ」という比較を表す表現です。

be 動詞を一般動詞に変えると、「A は B より～する」という表現になります。

基本パターンで言ってみよう！

This is better than **that one.**
これはあれよりいいね。

This is cheaper than **that one.**
これはあれより安いよ。

She is younger than **you.**
彼女は君より若いよ。

This question is more difficult.
この問題はもっと難しいよ。

Today's meeting was longer than **usual.**
今日の会議はいつもより長かったね。

Our sales this year are better than **those of last year.**
今年の売上げは、去年よりいいね。

Your Japanese is getting better.
あなたの日本語は上手になっていますよ。

これも知っておこう！ ▶ 比較級

形容詞の比較級には、次の4パターンがあります。

1. 形容詞の後ろに『er』をつける
   cheap → **cheap**er　**large** → **larg**er

2. yで終わる形容詞のうち、最後の『y』を『i』に変えて『er』をつける
   easy → **eas**ier　**early** → **earl**ier

3. 形容詞自体は変わらず、形容詞の前に『more』をつける（長い形容詞に多い）
   expensive → more **expensive**　**difficult** → more **difficult**

4. 不規則に変化する
   good → **better**　**bad** → **worse**

英語アウトプットのコツ

日本人の英語学習で圧倒的に障害になっていると思うのは**「積極性」**と**「自信」**です。

「積極性」については、国民性もあり、すぐに変えるのは難しいかもしれません。

「自信」はどうでしょうか？ 経験や慣れによって、ある程度自信を持つことができるのではないかと思います。

そのためには、**自分がよく使いそうな表現のストック**を作っておくことをお勧めします。まずは、72パターンを使って自分がよく使うフレーズ集を作ってみてください。

たとえば、面識のない外国人と会話を始めるときの自己紹介フレーズ、駅で道案内をするときのフレーズ、仕事のミーティングでよく使うフレーズなど、決まった内容を使い回せるようなフレーズのストックを作ってみてください。

そして、そのストックしたフレーズを機会があるたびに使っていくうちに、スムーズに話せるようになり、スムーズに話せたという成功体験を重ねていくうちに自信が持てるようになります。

皆さんが外国人に日本語で話しかけられたときに、日本人と同レベルの流暢さを求めるでしょうか？ 英語についても同じです。「間違ってはいけない」「流暢でなければならない」ということはありません。

むしろ、「自分が覚えたパターンを使ってみよう！」という気持ちで話してみてください。通じたときの喜びが英語学習のモチベーションや自信となり、英語力アップにつながるでしょう。

著者

味園真紀（みその・まき）

明治学院大学文学部英文学科卒業。同校在学中、カリフォルニア大学に留学。
コンサルティング・ドキュメント制作会社を経て、現在外資系企業に勤務。
様々な分野・業種に対する、マネジメント、マーケティング、事業開発、営業、制作活動などを経験している。
一方で、初級者～中級者を対象とした英会話教材の制作を手がけている。
著書に、『72 パターンに＋αで何でも話せる英会話』『たったの 68 パターンでこんなに話せるビジネス英会話』『たったの 87 パターンでこんなに「聞こえる」英語リスニング』(明日香出版社)、『即効 会社の英語ハンドブック』『英語プレゼンハンドブック』『質問にパッと答える英会話一問一答トレーニング』『ビジネスですぐに使える E メール英語表現集』『場面別 会社で使う英会話』『英語論文すぐに使える表現集』(ベレ出版)。

決定版　たったの 72 パターンでこんなに話せる英会話

2023 年 6 月 24 日 初版発行
2023 年 8 月 10 日 第 8 刷発行

著者	味園真紀
発行者	石野栄一
発行	明日香出版社
	〒 112-0005 東京都文京区水道 2-11-5
	電話 03-5395-7650
	https://www.asuka-g.co.jp
装丁	藤塚尚子（etokumi）
カバーイラスト	piixypeach/Shutterstock.com
本文デザイン	TYPEFACE 森岡菜々
本文イラスト	草田みかん
組版	デジタルプレス
印刷・製本	シナノ印刷株式会社